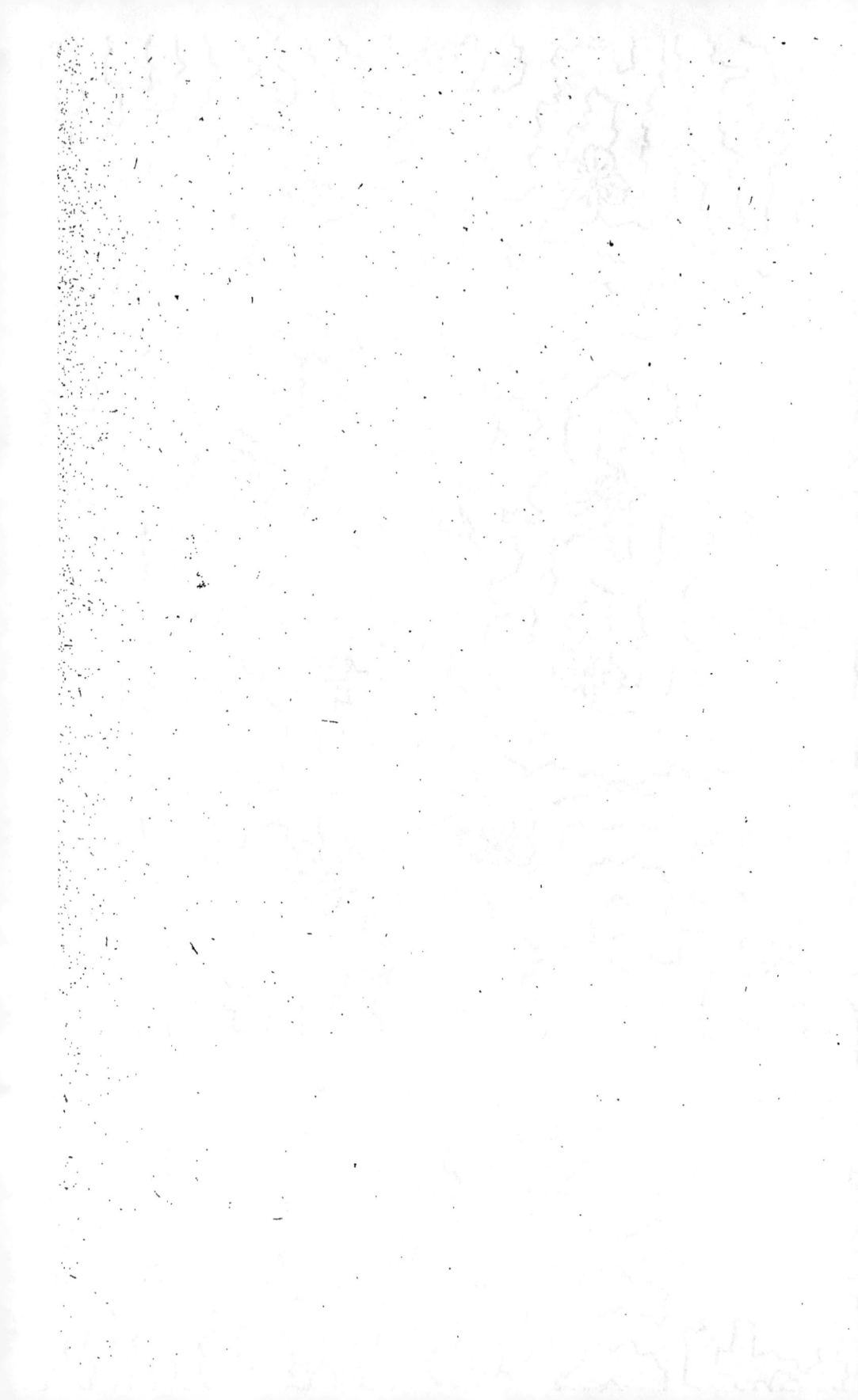

J.-Théodore RADOUX.

VIEUXTEMPS

SA VIE

SES ŒUVRES

PARIS
LIBRAIRIE FISCHBACHER
33, RUE DE SEINE, 33

J.-Théodore RADOUX.

VIEUXTEMPS

SA VIE, SES OEUVRES

PARIS

LIBRAIRIE FISCHBACHER

33, RUE ˉ ˉINE, 33

À

M. Maximilien Vieuxtemps

HENRY VIEUXTEMPS

SA VIE, SES OEUVRES

I

Un soldat de Napoléon Ier. — Naissance de Henry Vieuxtemps. — Son enfance. — Son premier maître. — Ses débuts.

ERS 1805, un jeûne garçon, à peine âgé de quinze ans, arrivait à Verviers.

Son bagage n'était pas lourd, un mince paquet de hardes et un veston en composaient toute la richesse !

Abandonné par les siens, il s'était vu forcé de quitter son village des Ardennes et de chercher ailleurs à subvenir à ses besoins.

Cette quasi-expatriation d'un enfant n'était pas chose commune à cette époque, et elle dénotait de la part de notre adolescent une puissance de caractère que l'on rencontrerait bien rarement de nos jours.

Verviers était alors la ville industrieuse qu'elle est restée depuis, et les fabriques de drap, nombreuses, formaient déjà la principale ressource de sa population ouvrière.

A peine arrivé, le jeune voyageur s'installa modestement dans une maison bourgeoise, sorte d'auberge tenue par un bonhomme qu'on appelait familièrement le père Anselme, et là, grâce à sa serviabilité et à sa bonne humeur, il ne tarda pas à se faire aimer de toute la famille.

Après différents apprentissages dans les fabriques de drap, il choisit définitivement le métier de tondeur.

Tout allait bien, et la Providence, cette mère des malheureux, semblait avoir pris sous son aile protectrice le courageux travailleur, lorsqu'en 1809, ayant atteint l'âge de 19 ans, il fut appelé par la conscription à l'honneur peu enviable de servir dans les armées de Napoléon.

Nous renonçons à dépeindre le désespoir qui s'empara de la famille Anselme à cette triste nouvelle, car en ces temps de guerres incessantes, l'homme appelé sous les drapeaux était voué à une mort presque certaine.

Les adieux furent touchants et bien des larmes coulèrent, mais il fallut se résigner, et, le jour fatal arrivé, toute la famille accompagna le plus loin possible le pauvre exilé sur la route d'Allemagne, car il devait faire ses premières armes à Dresde.

De là, il fut dirigé avec son régiment sur Culm, où l'armée française, on le sait, éprouva un échec considérable.

Blessé d'un coup de lance qui le mit hors de combat, et frappé près de l'œil par une balle qui pénétra dans la tête, sans atteindre heureusement les organes vitaux, il fut fait prisonnier et enfermé dans un hangar avec plusieurs centaines de compagnons, blessés comme lui.

Présageant le sort qui leur était réservé, quelques-uns de ces prisonniers, parmi lesquels Jean-François Vieuxtemps, tinrent conseil, et préparèrent un plan d'évasion qui, favorisé par une nuit sombre, réussit à merveille.

Après avoir couru mille dangers, ils parvinrent enfin à rejoindre les lignes françaises ; exténué par la longue marche qu'il venait de faire, et aussi par les souffrances que lui occasionnaient ses blessures, notre vaillant soldat dut entrer à l'ambulance, où il refusa de laisser procéder à l'extraction de la balle qui lui était entrée dans la tête. Bien lui en prit, car peu de jours plus tard, à la suite d'un étourdissement accompagné d'un terrible serrement de la gorge qui le fit tomber en syncope, il rejeta le projectile par la bouche, et, dès ce moment, il fut considéré comme sauvé.

On l'envoya à Tours, au dépôt de son régiment, pour y faire sa convalescence, mais là, on s'aperçut que sa blessure avait amené une aphonie complète, qui résista à toutes les tentatives de la science, circonstance qui lui valut d'être déclaré impropre au service et renvoyé dans ses foyers.

On devine quelle fut la surprise et la joie de la famille Anselme en revoyant l'enfant que l'on croyait perdu ! Ce ne fut pendant plusieurs jours que fêtes et festins auxquels s'associèrent les voisins, car tout le monde avait pris en affection ce brave garçon toujours serviable, et d'une humeur égale dans les bons comme dans les mauvais jours.

Les premiers moments d'effervescence passés, il reprit son métier, et s'occupa, plus sérieusement qu'il ne l'avait fait jusqu'alors, de la musique et de son cher violon.

Il s'en fit plus tard une source de profits en jouant de cet instrument à l'église, et aussi dans les petits bals, où l'orchestre se composait généralement d'un violon, d'un cornet à pistons et d'une contrebasse!

Les rapports affectueux qui s'étaient établis entre le jeune musicien et sa famille d'adoption prirent, quelques années plus tard, un caractère plus tendre encore qui devait resserrer les liens qui unissaient ces braves cœurs.

En effet, Marie-Albertine, l'une des filles du père Anselme, sentait se développer depuis quelque temps déjà au fond de son âme le germe d'un pur amour qui, partagé par notre jeune homme, aboutit à un mariage célébré au commencement de l'année 1819.

De ce mariage naquit le 17 février 1820, Henry Vieuxtemps.

C'était « un vrai chérubin „, dit M. J.-J. Renier (1), et ajoutons-le, il manifesta dès sa plus tendre enfance l'instinct de l'art qui devait plus tard illustrer son nom.

Le son du violon paternel exerça de bonne heure sur sa jeune âme une impression profonde; dès l'âge de deux ans, sa passion pour le roi des instruments se manifestait confusément, car lorsqu'il lui arrivait de pleurer, nous apprend M. Renier, « il redevenait sage comme un ange, dès que le violon se faisait ouïr ! »

En présence d'une vocation qui s'annonçait si éloquemment, et dans le seul but d'obtenir la paix, que l'enfant ne cessait de troubler aussitôt qu'on le privait du voisinage de son cher violon, son père essaya de lui inculquer les premiers principes de la musique.

Il lui enseigna ce qu'il savait, et comme ce n'était pas bien long, nous dit Henry Vieuxtemps dans son autobiographie, « j'en sus vite autant que lui. »

Sentant toute l'insuffisance de son enseignement, le père de notre bambin pensa à le confier à des mains plus habiles, et, grâce à la protection éclairée d'un amateur riche et généreux, M. Génin, l'enfant reçut les conseils de M. *Lecloux-Dejonc*, de Herve, musicien de valeur, et quelque peu virtuose.

Remarquons que presque tous les prédestinés de l'art ont rencontré sur leur chemin un Mécène qui leur aplanissait les difficultés d'une carrière où les épines, hélas! sont plus communes que les roses, et qui faisait, ainsi, éclore les plus grands talents.

N'avons-nous pas vu naguère encore Wagner, le grand Wagner, devoir le complet épanouissement de son génie à la protection éclairée et si audacieusement généreuse du roi Louis de Bavière? N'est-ce pas aux libéralités de ce monarque, si justement épris du talent du grand musicien que la postérité classera dans la famille des Bach, des Weber et des Beethoven, qu'il a dû de pouvoir construire

(1) *L'enfance de Vieuxtemps* par J.-J Renier, Liège, imprimerie Carmanne, 1867.

ce théâtre de Bayreuth où l'idéal rêvé par son génie a pu se réaliser dans sa plus haute acception ? Que n'a-t-on pas dit et écrit sur la folie de ce monarque ! Folie sublime, puisqu'elle a contribué à doter le monde d'un des plus grands génies du siècle.

M. Génin, bien que dans une sphère plus modeste, aura, lui aussi, puissamment aidé au développement du talent de Henry Vieuxtemps, et son nom restera toujours étroitement lié à celui de son protégé.

Mais aussi, reconnaissons-le, il eut la main heureuse et il dut se féliciter, par la suite, d'avoir su si bien deviner les hautes destinées auxquelles notre jeune virtuose était appelé.

Les progrès de notre *bambino* furent si rapides et si merveilleux, qu'à peine âgé de 6 ans, il put se produire comme soliste dans un concert que l'on organisa à son intention au théâtre de Verviers.

M. J. Renier fait un récit charmant de l'émotion produite dans le paisible intérieur du père de Vieuxtemps à l'idée de ce premier début public du petit prodige. « Impossible de dépeindre, dit-il, la jubilation de la famille : elle n'était égalée que par le zèle et l'application de Henry, qui comprenait déjà qu'il avait à répondre à l'attente de ses bienfaiteurs.

» Malgré la vivacité de son caractère et la légèreté de son âge, aucun jeu enfantin ne l'attira plus jusqu'au grand jour.

» Feu sa tante Barbe, citée alors pour sa dextérité dans les ouvrages de mains, ne voulut confier qu'à elle-même le soin de lui confectionner un costume d'apparat.

» Une blouse en mérinos bleu, s'il vous plaît ! taille plissée, ceinture, manches à gigot, et une grande colerette sémi-circulaire en toile, entourée d'une large bordure de batiste à plis très fins, rien que cela !

» Le jour solennel arrivé, l'impatience du public était extrême.

» Enfin, le jeune violoniste parut, tenant sous le bras l'instrument qui devait l'immortaliser.

» Il entonna avec une énergie surprenante ; l'émotion des assistants avait peine à se contenir. Les applaudissements éclatèrent avec un entrain, une frénésie dont on n'avait jamais eu d'exemple à Verviers.

» L'artiste s'était révélé : aux acclamations de la foule, le petit Henry était devenu Vieuxtemps !

» L'enfant déjà célèbre saluait à droite, à gauche, et les mains battaient toujours ; la tête de Henry dépassait à peine les quinquets de la rampe.

» En ce moment le vénérable Pierre de Thier, grand ami des arts, s'apercevant que l'assemblée était animée du désir de contempler le héros de la soirée, éleva Henry en l'air en le soulevant sous les bras ; ce fut une véritable tempête de bravos et de trépignements. »

Le souvenir de ce premier succès, ainsi que les détails de la toilette confectionnée pour la circonstance, ne devaient pas être perdus pour l'histoire ; ainsi en décida M. Génin, qui fit immédiatement reproduire par la peinture les traits du jeune virtuose dans son costume d'apparat.

Ce portrait appartient aujourd'hui au Musée de Verviers et continue à faire l'admiration des concitoyens du grand homme.

C'est à partir de ce moment que la vie militante du virtuose commença pour Vieuxtemps.

Son triomphe de Verviers avait trouvé de l'écho dans la cité de Grétry, qui voulait à son tour contempler et admirer l'émule des Viotti et des de Bériot.

C'est le 29 novembre 1827 qu'il se fit entendre au public liégeois dans un concert de la *Société Grétry*. Le succès qu'il y remporta ne fut pas moins brillant qu'à Verviers, s'il faut en croire le *Mathieu Laensbergh*. Qu'on en juge :

« Liège, dit ce journal, n'a jamais entendu sur le violon un talent aussi précoce. Le petit bonhomme n'a que 7 ans ; sa petite taille et

HENRY VIEUXTEMPS (1827).

son air enfantin n'en annoncent pas davantage.   La vigueur et la
grâce de son archet, dans les passages les plus difficiles d'un concerto
de Rode, lui ont valu des applaudissements.

» La justesse de son jeu et l'agilité de ses petits doigts, jointes à
une grande netteté d'exécution, se sont plus particulièrement encore
fait remarquer dans la symphonie concertante de Kreutzer pour
deux violons.   C'est là que M. Lecloux, son professeur, est venu
recueillir, dans les applaudissements donnés à son élève, la récompense de ses soins et un nouvel encouragement à perfectionner un si
jeune et si rare talent. »

Une circonstance, oubliée aujourd'hui, mais dont le souvenir est
toujours resté cher au cœur de notre artiste, avait marqué cette
soirée.

Le président de la Société lui avait remis, à la fin du concert, un
magnifique archet de *Tourte*(1).   L'inscription suivante était gravée
sur ce premier trophée de gloire : « *A Henry Vieuxtemps, la Société
Grétry.* »

On comprend tout ce qu'il pouvait y avoir de dangereux, au point
de vue de l'avenir de Vieuxtemps, dans les démonstrations enthousiastes dont il était l'objet de la part du public.   Une organisation
vulgaire en eût certes conçu de l'orgueil et, qui sait, eût peut-être
avorté ; mais sa nature éminemment artistique avait déjà des
aspirations vers un idéal; le grand art hantait son esprit; il devait
gravir glorieusement tous les degrés du Parnasse!

Après Verviers et Liège, Bruxelles voulut aussi entendre le petit
Henry, qui se mit bravement en route pour la future capitale, où il
arriva le 20 janvier 1828.

Le lendemain, il prenait part à la fête musicale donnée à l'ancienne
salle du concert noble, au Waux-Hall, et il y obtenait un nouveau et
éclatant succès.

(1) François Tourte naquit à Paris en 1747 et mourut dans cette ville au mois d'avril 1835.   Il
s'était acquis une véritable célébrité en fabricant des archets.   Ils sont encore de nos jours
fort recherchés.

M. Maurice Kufferath, dans le remarquable livre qu'il a publié sur Vieuxtemps (1), reproduit l'article que le *Courrier des Pays-Bas* a consacré à ce concert. Je me permets de le lui emprunter :

« Le jeune Vieuxtemps, dit ce journal, me paraît avoir eu un violon pour hochet et ne l'avoir point quitté depuis son enfance, tant la facilité avec laquelle il manie cet instrument est un jeu pour lui. Un goût inné, autant que les leçons d'un maître, lui a sans doute révélé les secrets de son art ; et ce qui achève d'en convaincre, c'est que, malgré les difficultés qu'il est parvenu à surmonter, il conserve dans l'exécution on ne sait quoi d'enfantin et de gracieux qui appartient à son âge, et qui indique que chez lui les sensations musicales ne sont point des sensations factices. Nous avons tâché de ne point le perdre de vue dans les moments où il ne figurait pas à son pupitre ; nous l'avons observé jouant à l'écart, au milieu des camarades de son âge (car il n'est pas indifférent d'observer un enfant), et nous l'avons vu partager leurs jeux dans un coin de la salle, aussi gaîment que s'il n'était pas une merveille. »

On le voit, partout notre jeune artiste excitait la même curiosité, et Anvers devait, quelques jours plus tard, corroborer de tout point l'opinion émise sur son talent précoce par la presse du pays.

Ce fut, en effet, le 15 mars 1828 qu'il joua à la Salle Olympique. Il exécuta la romance *« Je ne l'aime plus, »* variée par Wéry, une *symphonie concertante* et *les Souvenirs du Simplon*, airs suisses variés, par Lafont.

Le *Journal d'Anvers* s'exprimait ainsi au sujet de ce concert : « La réputation de cet enfant et l'intérêt qu'il inspire avaient attiré une réunion nombreuse et choisie. Il a justifié, et même dépassé toutes les espérances, et le premier moment de surprise, à la vue d'une créature aussi faible, a fait place à un sentiment d'admiration, lorsqu'on a entendu cet instrument soupirer une romance avec un

---

(1) *Henry Vieuxtemps, sa vie et son œuvre.* Bruxelles, Rosez, libraire-éditeur.

charme, *accompagné* d'une expression presque inconciliable avec un âge aussi tendre.

» Dans une symphonie, et surtout dans les airs suisses variés, le petit Vieuxtemps a développé un goût et une sûreté d'exécution qui ont excité des transports unanimes. On doit, en effet, considérer comme prodigieuses la connaissance théorique du plus difficile des instruments et l'exécution mécanique, à un âge où les facultés intellectuelles et physiques sont à peine développées. »

Le 20 mars suivant, Vieuxtemps se faisait encore entendre au Théâtre royal de cette même ville et provoquait le même enthousiasme.

Son passage à Anvers eut ceci de particulièrement remarquable, qu'il y composa sa première œuvre musicale.

Vieuxtemps a rappelé cet événement, car c'en était un, dans son autobiographie.

A son arrivée dans la cité de Rubens, il était descendu chez M. de Pouhon (le généreux fondateur et bienfaiteur de l'hospice d'Ensival, près Verviers), auquel il avait été recommandé.

La réception qui lui fut faite fut des plus cordiales ; « *je passai quelques jours agréables chez cet homme généreux* », dit Vieuxtemps. « C'est dans cette maison, ajoute-t-il, que je composai un quadrille, ou quelque chose qui avait la prétention d'y ressembler, qui fut intitulé : *Le chant du coq*, à propos d'une épingle que mon hôte m'avait offerte et qui représentait ce bipède. »

Le « *Do, mi, sol* », journal satirique de Verviers, a rapporté, dans son numéro du 3 avril 1881, cette historiette, et, au dire de Vieuxtemps lui-même, le récit est exact :

« C'était en 1828, dit ce journal ; Vieuxtemps venait d'atteindre sa huitième année. A l'âge où d'autres enfants sont encore considérés comme des poupées innocentes et inconscientes, il avait déjà réussi à se faire une petite réputation dans sa ville natale.

» Monsieur de Pouhon, d'Ensival, qui fut directeur de la Banque nationale de Bruxelles, habitait alors Anvers, et il fit venir l'enfant dans la cité de Rubens pour le faire entendre à un de ses amis, grand amateur de musique. Or, en traversant une rue de la ville, le jeune Vieuxtemps lâcha tout à coup la main de M. de Pouhon et s'arrêta devant la vitrine d'un bijoutier dans une contemplation d'éblouisse-ment. « Oh ! le joli coq, s'exclamait-il, le joli coq ! » On avait beau vouloir l'entraîner, il ne pouvait détacher les yeux d'une épingle qui le fascinait. « Mon Dieu, lui dit M. de Pouhon, si tu tiens tant à ce coq, je vais te l'acheter. » Il entra, fit l'emplette et présenta le cadeau à son petit ami.

» Deux heures plus tard, on était à table ; au moment de passer au dessert, on s'étonne de ne plus apercevoir l'enfant ; on l'appelle, on le cherche partout et on finit par le découvrir dans un coin du jardin. A l'approche des gens de la maison, le bambin se leva, agitant une feuille de papier, qu'il présenta à son tour à celui dont il avait reçu le bijou.

» C'était une composition qui figure aujourd'hui dans les œuvres de l'illustre virtuose, sous le titre : *Le chant du coq.* »

Mme veuve de Pouhon, nous apprend Vieuxtemps, possède encore le manuscrit de cette élucubration enfantine.

II

Voyage en Hollande. — Charles de Bériot. —
Vieuxtemps obtient une bourse d'étude. — Sa famille s'installe à Bruxelles.

NTRETEMPS, la famille du père de Vieuxtemps
s'était accrue rapidement, car, outre une fille
nommée Barbe, née le 4 septembre 1822,
Isidore et Marie, morts en bas âge, un nouveau
fils venait de naître le 5 juillet 1828.

Celui-ci, dont nous aurons quelques mots à
dire à la fin de cette notice, reçut les prénoms
de Jean-Joseph-Lucien.

Cet accroissement de petites bouches à nourrir avait amené une
certaine gêne dans le ménage, et le chef de famille ne voyait pas
l'avenir sans inquiétude.

Ce fut précisément à ce moment que l'on vint lui proposer de faire
un nouveau voyage avec son fils Henry.

Cette fois il s'agissait de visiter la Hollande. Le voyage projeté
devait être considéré, à cette époque, comme très important, et
surtout fort onéreux. Or, le père de Vieuxtemps n'était rien moins
que rassuré sur la réussite pécuniaire de l'entreprise, et il s'en ouvrit
franchement à M. Génin.

« Ne t'inquiète pas de cela, mon ami, lui dit cet excellent homme,
en lui remettant une lettre de crédit. Avec le papier que voici, tu

auras de l'argent partout, et tu peux aller jusqu'à 10,000 francs sans te gêner. »

« Je dois dire, à la louange de mon père, nous apprend Vieuxtemps, qu'on l'aurait plutôt broyé que de lui faire entamer ce trésor. »

Le résultat fut, du reste, des plus satisfaisants, et l'on put vivre du produit des concerts donnés à La Haye, à Rotterdam et à Amsterdam.

Ce fut dans cette dernière ville que notre jeune artiste eut le bonheur de rencontrer Charles de Bériot, le grand violoniste, alors dans tout l'éclat de son tendre et gracieux talent.

Il écouta l'enfant prodige avec une attention extrême, fut émerveillé des dispositions exceptionnelles dont il fit preuve dans un morceau très difficile : *Le Ranz des vaches*, de Lafont, et, sur-le-champ, proposa au père Vieuxtemps de se charger de l'éducation musicale de son fils.

Pour cela, il fallait que toute la famille quittât Verviers et allât s'installer à Bruxelles, où de Bériot avait sa résidence.

Est-il besoin d'insister sur les hésitations que souleva ce projet, dont la réalisation devait bouleverser complètement la vie du modeste musicien verviétois ?

Il rencontra surtout de la résistance chez la mère du jeune Vieuxtemps ; la pauvre femme ne pouvait se résigner à quitter ainsi sa ville natale, ses parents, ses amis, toutes ses habitudes.

Cependant, disons-le à son honneur, elle sut vite faire taire ses sentiments personnels pour ne songer qu'à l'avenir de son *fieu* Henry, le benjamin de la famille, et il fut décidé que l'on s'installerait à Bruxelles, dans le courant de l'année 1829.

Après avoir réalisé un peu d'argent par la vente d'une partie du mobilier, et grâce au produit d'un concert d'adieu que Vieuxtemps organisa à Verviers avant de quitter cette ville, on put se mettre en route avec une certaine confiance dans l'avenir.

Il fut arrêté, tout d'abord, que le père et le fils précéderaient de quelque temps la famille dans la capitale, et s'occuperaient d'y préparer une installation convenable pour y recevoir la mère et les autres enfants.

Le premier soin de nos voyageurs en mettant le pied à Bruxelles fut, on le comprend, de faire une visite à Charles de Bériot, qui les reçut, nous dit Henry Vieuxtemps, comme de vieux amis.

Notre jeune artiste, dans son autobiographie, parle avec attendrissement de la bonté, de la douceur de cet excellent maître.

La simplicité de son récit donne bien la note juste de ses rapports journaliers avec l'illustre artiste, et caractérise admirablement l'homme dont la sensibilité d'âme n'avait d'égale que celle de cette grande artiste tuée, comme l'a dit Musset, pour n'avoir pu étouffer « ... *cette » flamme brûlante que son sein palpitant ne pouvait contenir »*, et qui fut la compagne de sa vie, *la Malibran !*

De Bériot n'eut que fort peu à modifier dans le jeu de son élève, tant avait été excellent l'enseignement de son premier maître, M. Lecloux.

Dans les concertos de Viotti surtout, qu'il travailla de prime abord, Vieuxtemps sut acquérir cette souplesse du bras droit, restée la caractéristique de son talent.

C'est là encore qu'il récolta cette variété de coups d'archet dont abondent les traits dans ses œuvres, et principalement dans le 5e concerto, qu'il écrivit pour les concours du Conservatoire de Bruxelles.

Vieuxtemps fut un élève modèle, et chose plus rare de nos jours, où l'égoïsme prétend s'ériger en principe social, il fut un élève reconnaissant.

L'admiration qu'il avait pour son maître touchait au fanatisme. Chaque phrase tombée de ses lèvres était recueillie comme parole d'évangile ; toute remarque esthétique sur la manière d'interpréter les classiques restait gravée dans la mémoire du disciple, comme toutes les preuves de sollicitude qu'il recevait journellement s'incrustaient dans son cœur.

Ce fétichisme pour le talent de de Bériot pouvait avoir une influence sur l'avenir de Vieuxtemps, qui, à force d'observer, d'imiter, était entré à tel point dans la manière de son modèle, qu'un jour de Bériot lui dit : « Mais malheureux, si tu continues ainsi à me copier, tu ne seras jamais qu'un petit *de Bériot*, et il faut que tu deviennes *toi-même.* » Si ce tact était plus commun, on verrait moins de natures étouffées sous l'enveloppe du professeur. En effet, le rôle de celui-ci devrait toujours se borner à étudier l'intelligence de son disciple, et s'il y découvre une étincelle d'originalité, y donner l'essor. Considérée autrement, la mission du professeur ne peut être que fatale. Au lieu de la lumière, c'est la nuit qu'elle apporte.

La remarque si judicieuse de l'illustre maître eut pour résultat immédiat de faire réfléchir le jeune élève qui, à partir de ce moment, essaya de voler de ses propres ailes.

Chaque morceau nouveau était fouillé, approfondi par lui avant qu'il mit l'archet à la corde.

Après avoir réalisé ce premier travail d'incubation, il prenait son violon. Le succès ne récompensait pas toujours ses efforts, ce qui l'obligeait à de nouvelles études, mais il arrivait ainsi à remplir un double but : agir par lui-même et se pénétrer de la pensée intime des maîtres, ce qui devait avoir une puissante influence sur son avenir de compositeur.

Vieuxtemps a donc, malgré tout, su se créer une individualité, tant il est vrai que l'influence du professeur n'a et ne peut avoir de prise absorbante que sur les intelligences médiocres, que j'appellerai : *les copistes de l'art.*

Cette existence de labeur et d'études de tous genres, jugée d'une utilité si précieuse par le père de Vieuxtemps, ne pouvait se prolonger bien longtemps si on ne trouvait le moyen de combler les vides que chaque journée venait creuser dans la modeste bourse du ménage.

C'est encore le bon de Bériot qui, devinant cette situation et les inquiétudes paternelles, conçut la pensée d'user de son influence auprès du Gouvernement hollandais pour faire obtenir une bourse d'étude à son protégé.

Voici la lettre qu'il adressa dans ce but au roi Guillaume :

" SIRE,

„ Encouragé par la protection particulière que Votre Majesté accorde aux artistes, je prends la respectueuse liberté de solliciter, au nom de M. Vieuxtemps, en faveur de son fils, âgé de 8 ans, qui a déjà acquis sur le violon un talent remarquable, et qui est, à mon avis, le phénomène le plus étonnant que j'aie jamais entendu.

„ M. Vieuxtemps, père de trois enfants, n'ayant d'autres moyens d'existence que l'état de luthier (1), qu'il exerçait à Verviers, s'est trouvé forcé d'abandonner sa famille pour suivre son fils et le mettre à même de continuer son éducation musicale ; je me trouve heureux de contribuer à ses progrès, et c'est en qualité de maître de cet enfant que j'ose joindre ma prière à la sienne pour supplier Votre Majesté de daigner lui accorder quelques secours sans lesquels il lui est de toute impossibilité de continuer sa carrière.

„ Je suis avec respect, Sire, de Votre Majesté le très humble et fidèle sujet.

Signé: « C. DE BÉRIOT. »

Cette requête, favorablement accueillie par le monarque, ami des arts, auquel le pays devait déjà la création des écoles musicales de Bruxelles, Liège, La Haye et Amsterdam, vint augmenter d'une somme de 300 florins les ressources annuelles du modeste ménage.

---

(1) Jean-François Vieuxtemps (dit M. Kufferath, dans son livre déjà cité), ne fut pas, à proprement parler, luthier de profession. A Verviers, en 1820, le métier de luthier ou d'accordeur d'instruments n'aurait offert aucune ressource. Seulement, le père de Vieuxtemps consacrait à la lutherie et à la musique les loisirs que lui laissaient les travaux de la fabrique où il était employé.

Il était dit, en outre, dans le libellé de la pension, que la somme en serait majorée au bout de trois ans, " suivant les progrès du boursier. „

Cette petite rente permit au père d'appeler auprès de lui sa femme et ses autres enfants, et de s'installer d'une façon plus confortable.

A cet effet, il loua une petite maison *rue aux Choux*, *28,* maison que notre jeune artiste remplit des sons harmonieux de son violon pendant six ans.

de Bériot conduit Vieuxtemps à Paris. — Première leçon d'harmonie. — Suppression de la bourse d'étude. — Premiers essais de composition. — de Bériot part pour l'Italie. — Pauline Garcia. — Un subside de 600 frs. — Premier voyage en Allemagne.

N<small>OUS</small> avons dit avec quelle ardeur, quel sérieux pour son âge, Vieuxtemps s'était mis à l'étude. Il passait tous les jours trois ou quatre heures chez son excellent maître, qui habitait alors rue Fossé-aux-Loups, et tout ce temps était consacré à la musique.

On comprendra que pareille semence, répandue à pleines mains sur un terrain aussi fertile, devait germer promptement et amener des résultats remarquables.

Le fait est que de Bériot jugea le moment venu de produire son élève à Paris, la grande métropole des arts, et de partir avec lui.

C'est (d'après un renseignement qui m'est donné par M. Lucien Vieuxtemps) le 22 mai 1829 que nos voyageurs débarquèrent à Paris, où le jeune Henry ne tarda pas à se produire devant le grand public parisien, dans les entr'actes de l'opéra *Tancrède*, aux Italiens.

Le fait de cet enfant, en contact avec toutes les célébrités de ce théâtre, et venant leur disputer les bravos de la foule sur leur terrain, avait quelque chose de phénoménal.

La *Sonntag* et la *Malibran,* « ces deux soleils », dit Vieuxtemps, me prirent sur leurs genoux après la répétition, et m'embrassèrent à m'étouffer ! « Je me doutais bien peu alors, ajoute-t-il, de la divinité des lèvres qui me touchaient, et de l'essence de fée qu'exhalait leur haleine ! »

L'effet produit par le jeune artiste dans cette soirée mémorable fut colossal, inoubliable. « Un violoniste, dont la taille égale à peu près celle de son archet, écrivait Fétis dans la *Revue et gazette musicale,* est venu se faire entendre après M. de Bériot, son maître, dans le 7e concerto de Rode. Cet enfant, dont le nom est Vieuxtemps, possède une sûreté, un aplomb, une justesse vraiment remarquables pour son âge ; il est né musicien. »

Après ce premier grand triomphe, de Bériot fit entendre son petit prodige dans le cercle de ses nombreuses relations parisiennes. Il s'attachait aussi à empêcher le petit bonhomme de se griser des louanges que public et presse lui prodiguaient à l'envi.

« Tu n'es encore qu'un petit Bériot, lui répétait-il sans cesse. Tu dois chercher ta voie, devenir un Vieuxtemps. Ne l'oublie pas. »

De son côté, son père le menaçait de *sa trique* s'il ne travaillait pas à la réalisation du rêve caressé par l'excellent maître.

« Cette façon de procéder de mon cher père, quoique un peu brutale, devait avoir du bon, puisqu'elle m'a réussi, nous dit Vieuxtemps. Cependant, mes préférences étaient pour celle de l'autre, plus persuasive et... moins *frappante !* »

Après cette première étape dans la grande capitale, Vieuxtemps revint à Bruxelles, plus désireux que jamais de continuer ses études avec de Bériot, et avide d'acquérir les connaissances nécessaires à l'éclosion des idées musicales qu'il sentait remplir sa jeune imagination.

« Nous avons déjà parlé de cet enfant prodigieux qui semble, comme Mozart, être né musicien », avait dit un journal ; et notre adolescent voulait probablement justifier cette ressemblance en prouvant qu'il était, comme Mozart, virtuose et compositeur.

Les événements de 1830 ayant suspendu le mouvement artistique un peu partout, et le jeune Henry, n'ayant plus l'occasion de se faire entendre en public comme violoniste, voulut profiter de la présence à Bruxelles d'une demoiselle *Ragué* (excellente musicienne, fort éprise de la musique de Haydn, Mozart et Beethoven) pour s'initier aux secrets de l'harmonie.

« Je lui ai de bien grandes obligations, dit Vieuxtemps, car c'est à elle que je dois d'avoir connu de bonne heure les classiques, et cela à un âge et à une époque où on ne se doutait guère, surtout dans notre pays, ni de leur existence, ni de leurs œuvres. »

Constatons une fois de plus la régularité avec laquelle tout arrive à son heure dans cette existence vraiment extraordinaire.

C'est d'abord ce Mécène prêt à faire tous les sacrifices pour assurer l'avenir de son protégé, et qui prend une part si grande à l'éclosion de son talent précoce ; puis de Bériot, qui se dévoue corps et âme au développement des facultés de son disciple ; puis, enfin, l'arrivée à Bruxelles de cette jeune émigrée française que des événements politiques avaient amenée là juste au moment où, l'esprit hanté par le démon de la composition, l'imagination de notre jeune artiste avait besoin d'une nourriture forte et substantielle, et qui l'initie aux secrets des œuvres des grands maîtres symphonistes. Quelle influence immense ne dut pas avoir, sur Vieuxtemps compositeur, l'étude de pareils modèles !

La tourmente révolutionnaire qui souffla si terriblement sur notre pays à ce moment de notre récit eut des conséquences désastreuses pour Vieuxtemps, en lui enlevant sa faible pension. « Le Gouvernement qui suivit, nous dit Vieuxtemps, ne *sut* ou ne voulut rien faire pour moi.» Dès lors, il fallut chercher ailleurs les ressources nécessaires à l'entretien de la petite famille.

De son côté, Mlle Ragué procura quelques leçons d'accompagnement à son intéressant élève, et la barque, remise à flots, put voguer encore pendant quelque temps sans trop faire craindre le naufrage.

Vieuxtemps venait d'atteindre sa dixième année lorsqu'il s'essaya sérieusement à l'art si difficile de la composition. Il produisit tout d'un jet, raconte son frère Lucien dans une note qu'il a bien voulu me communiquer, une dizaine d'airs variés et un concerto avec accompagnement d'orchestre.

De ces œuvres de son enfance, il n'est resté aucun vestige, et c'est vraiment grand dommage, car il eût été fort intéressant d'étudier cette belle intelligence dans les différentes phases de ses manifestations artistiques.

Une nouvelle et grande difficulté vint s'ajouter bientôt à celle que l'on venait de traverser.

De Bériot et la Malibran venaient à peine de rentrer à Bruxelles, lorsque le bruit de leur prochain départ pour l'Italie se répandit et jeta le père de Vieuxtemps dans une perplexité d'esprit que nous renonçons à dépeindre.

Qu'allait devenir son fils, privé si jeune des conseils d'un tel maître ? A qui pourrait-il le confier ?... A personne ! telle fut la réponse du grand violoniste.

« Veillez à ce qu'il ne contracte pas de défauts, vous êtes assez compétent pour cela ; mais, je le répète, ne le confiez à personne ! Votre fils doit se frayer le chemin tout seul par la réflexion, et aussi par l'audition des artistes étrangers, qu'il doit chercher à entendre le plus possible. »

Ces sages conseils furent suivis à la lettre, « car, depuis ce temps, nous apprend Vieuxtemps lui-même, je n'ai plus eu une leçon de violon de qui que ce fût. » Seulement, il fit beaucoup de musique de chambre, ce qui contribua considérablement à lui former le goût et aussi à l'initier à une école spéciale du violoniste, pour laquelle il devait plus tard montrer une prédilection marquée et où il devait briller en maître.

Sa bonne étoile le servit, du reste, le plus efficacement du monde, en lui faisant faire au moment propice la rencontre de *Pauline Garcia*,

qui, avant de devenir l'illustre cantatrice connue sous le nom de *Pauline Viardot*, était alors, paraît-il, une admirable pianiste.

En compagnie de cette femme-artiste si bien douée, il fit la connaissance des principales œuvres alors en vogue, et entre autres des trios de Schubert, des sonates de Beethoven, de Mozart, qui, d'après l'expression de Vieuxtemps, « les plongeaient dans l'éther, dans l'azur ! Jeunes et fous d'enthousiasme, ajoute-t-il, nous allions aux découvertes, nous croyant de vrais Christophe Colomb ! Ce temps de bonheur juvénil a duré environ un an. »

Avant de quitter Bruxelles, de Bériot voulut donner à son cher élève une nouvelle preuve de sa sollicitude en demandant et en obtenant du roi Léopold 1er un subside de 600 francs, qui permit à Vieuxtemps de faire son premier voyage en Allemagne. Là, s'il faut en juger par les vers suivants qui lui furent adressés par l'*Augsburger Tagblatt*, il fut remarqué et fort encouragé :

> Par ses doux et savants accords,
> Cet artiste nous fait comprendre
> Comment autrefois chez les morts
> Orphée a su se faire entendre
> Qui, de ton charme séducteur
> Peut se défendre, ô ! divine musique
> L'oreille est le chemin du cœur ;
> Vieuxtemps le prouve sans réplique.

Si la poésie n'est pas merveilleuse, l'hommage rendu à cet enfant de 13 ans ne manquait certes pas d'éloquence.

Ce fut le prélude des nouveaux triomphes qui l'attendaient à Darmstadt, Mannheim, Carlsruhe, Baden et Munich.

La tournée artistique, on le voit, était importante, surtout pour l'époque.

IV

Spohr, Molique et Mayseder. — Le " Fidelio „ de Beethoven. — Arrivée à Vienne. — Simon Sechter. — Le Baron de Lannoy. — Le concerto de Beethoven. — Départ pour Prague, Dresde et Leipzig. — Robert Schumann.

IEUXTEMPS retira de grands avantages de ce voyage dans la patrie de Gœthe et de Beethoven, en ce sens qu'il y fit la connaissance de beaucoup d'artistes illustres qui s'intéressèrent à son avenir, et lui donnèrent l'occasion de mettre en pratique ce précepte de son maître de Bériot : *Écouter et réfléchir*.

C'est ainsi qu'il put entendre *Spohr*, qui était alors à l'apogée de son talent ; *Molique*, autre violoniste très prisé en Allemagne, et enfin *Mayseder*, pour lequel notre jeune artiste professait une admiration sans bornes.

Ici se place un incident caractéristique qui prouve que les grands esprits se rencontrent toujours sur le terrain du bon sens.

Profitant de l'accueil bienveillant avec lequel Mayseder avait reçu Vieuxtemps père et son fils, le premier pria le maître allemand de donner à Henry quelques conseils sur la façon d'interpréter ses compositions ; mais celui-ci s'y refusa de la façon la plus formelle par cette déclaration :

« Il ne les joue pas à ma manière, mais c'est si bien, si original, que ce serait dommage de rien y changer. »

C'était là, dit Vieuxtemps dans son autobiographie, ratifier sans le savoir les paroles de de Bériot : « Laissez-le aller à sa guise ! »

Notons, en passant, le récit que Vieuxtemps fait d'une représentation du *Fidelio* de Beethoven, à laquelle il lui fut donné d'assister à Francfort.

Ce récit peint admirablement le degré d'exaltation dont était déjà susceptible son imagination : « Impossible de rendre l'impression profonde que fit sur ma jeune âme de 13 ans cette musique incomparable. La scène du deuxième acte (celle du caveau) me donna un frisson général, sensation qui s'est reproduite depuis à chaque nouvelle audition de la même œuvre.

» Enfin, pour tout dire, j'en fus tellement remué que j'en perdis le repos. »

Il ne faut pas oublier que Beethoven fut un révolutionnaire dans l'art, et que sa musique mit un certain temps à s'acclimater dans le monde.

On traitait volontiers le hardi novateur de fou, d'illuminé ; ses œuvres étaient inintelligibles, incohérentes. *Habeneck*, qui a été le révélateur de ce génie incomparable, non seulement pour la France, mais aussi pour l'Allemagne, qui le comprenait peu ou point, ne dut-il pas avoir recours à des subterfuges, en cachant le nom de Beethoven sur les parties d'orchestre, pour arriver à forcer l'admiration des musiciens qui ne voulaient pas exécuter les œuvres de cet *halluciné ?*

Wagner lui-même, n'eut-il pas un moment de découragement et de doute à l'audition de la 9e symphonie exécutée par l'orchestre du Gewand-Haus de Leipzig? « Je me sentis si découragé, dit-il, que je me détournai pour quelque temps de l'étude de Beethoven, et que je tombai dans une grande perplexité. »

Il ne lui fallut rien moins que l'exécution géniale que l'orchestre du Conservatoire de Paris en fit en 1839, pour lui rendre la confiance et lui prouver que si le doute sur la valeur de ce chef-d'œuvre avait pu entrer un instant dans son esprit, la faute en était au chef d'orchestre du Gewand-Haus, qui ne comprenait probablement rien à la musique sublime de son dieu.

La 1re symphonie de Beethoven fut exécutée à Paris vers 1815, mais le grand symphoniste ne commença guère à être apprécié à sa juste valeur qu'après 1828. Dès lors, n'est-il pas étonnant de constater que notre artiste de 13 ans avait le sens musical à ce point développé, que l'audition d'un des chefs-d'œuvre du maître lui fit perdre le repos ?

Veut-on une nouvelle preuve de la perspicacité de ce jeune esprit si extraordinairement doué ? lisons ce qu'il dit encore dans son autobiographie au sujet de la *Kreutzer-Sonate* et de l'accueil qui fut fait à cette œuvre admirable, par l'homme même qui avait l'honneur de voir son nom accolé à cette immortelle composition :

« Lorsque Kreutzer la reçut, dit Vieuxtemps, il la parcourut, haussa les épaules et dit : *Décidément il est fou !* Cela peut-il être vrai ? » s'empresse-t-il d'ajouter, tant il lui paraît impossible d'accepter semblable hérésie. « Le fait est qu'il ne l'a jamais jouée, ou du moins ne l'a jamais fait entendre publiquement. C'est égal, le misérable, tout grand artiste, tout remarquable violoniste qu'il était, aurait dû faire le voyage de Paris à Vienne à genoux pour aller voir le dieu, lui rendre grâce et mourir ! »

Voilà du lyrisme, ou il n'en existe pas.

Pareille organisation chez un aussi jeune garçon pouvait certes faire concevoir les plus riches espérances ; Vieuxtemps sut les réaliser et même les dépasser, ainsi que nous le verrons plus tard.

Nous avons dit qu'il avait commencé à s'initier aux secrets de l'harmonie avant son départ pour l'Allemagne, et que le démon de la composition hantant sans cesse son imagination, il n'avait pu résister au désir de produire quelques essais sans haute importance.

Des études faites un peu à la hâte ne pouvaient avoir laissé des racines bien profondes, et le besoin d'étendre ses connaissances dans l'art d'écrire le préoccupait sans cesse.

C'est à Vienne, je pense, qu'il eut le bonheur de rencontrer le savant théoricien *Simon Sechter*, qui voulut bien consentir à lui donner des leçons de contrepoint et de haute composition.

Sous la conduite d'un pareil maître, Vieuxtemps fit de merveilleux progrès, et, selon son expression, « l'enfant prodige disparut bien vite, faisant place à l'adolescent précoce, rêvant l'inconnu, le nouveau. »

Il est vrai de dire que le commerce régulier qui s'établit, à ce moment, entre lui et des artistes, contemporains de Beethoven, dont la plupart avaient vécu dans l'intimité du grand compositeur, exerça une influence heureuse sur les études qu'il faisait alors des œuvres du Titan de la symphonie.

Ces artistes avaient tous de la valeur et l'histoire a recueilli leurs noms. Ils se réunissaient d'ordinaire chez *Dominique Artaria*, éditeur des œuvres de Beethoven, et c'est là que Vieuxtemps les vit pendant son séjour à Vienne.

Czerny, Merk, le célèbre violoncelliste ; *Weigl*, le compositeur dramatique, et enfin le *baron de Lannoy*, qui fut directeur du Conservatoire et entrepreneur du concert spirituel, accueillirent le jeune Henry avec la plus grande bonté et ne dédaignèrent pas de discuter avec lui sur le mérite des œuvres contemporaines ; on comprend tout le fruit qu'il dut retirer de ces discussions intructives, à un âge où fermentaient déjà en lui les œuvres grandioses qui devaient immortaliser son nom, quelques années plus tard, et remplir d'étonnement le monde musical.

Il eut, du reste, bientôt l'occasion de montrer sa pénétration d'esprit et la finesse de son jugement artistique en interprétant le Concerto de Beethoven à l'un des concerts spirituels du baron de Lannoy, et cela après quinze jours d'étude seulement.

C'était un véritable tour de force, et aussi un coup d'audace. Mais *Audaces fortuna juvat*, et, cette fois encore, le proverbe eut raison.

Cette exécution lui valut la lettre suivante, que je crois devoir reproduire en entier. Elle est du baron de Lannoy, qui avait dirigé le concert :

« Monsieur,

» Veuillez accepter mes remerciements pour la manière originale, nouvelle et cependant classique, avec laquelle vous avez exécuté le concerto pour le violon, de Beethoven, au concert spirituel d'hier. Vous êtes entré tout à fait dans l'esprit de cette composition, chef-d'œuvre de l'un de nos grands maîtres.

» La qualité de son avec laquelle vous avez rendu le *cantabile*, l'âme que vous avez mise dans l'exécution de l'*andante*, la précision et la vigueur avec lesquelles vous avez joué les passages difficiles, dont ce morceau abonde, tout caractérise en vous un talent supérieur, tout montre que, jeune encore et touchant presque à l'enfance, vous êtes déjà un grand artiste, qui apprécie ce qu'il joue, sait donner à chaque genre l'expression qui lui est propre et ne se borne pas à étonner les auditeurs par des difficultés.

» Des talents aussi rares ont enchanté le public de cette capitale, accoutumé à entendre les plus grands maîtres, parmi lesquels vous occupez une place honorable.

» Poursuivez, Monsieur, cette noble carrière ; vous deviendrez sous peu le premier violon de l'Europe, car vous réunissez à la vigueur du coup d'archet, à l'exécution brillante des plus grandes difficultés, l'âme, sans laquelle l'art ne peut rien, le discernement qui fait qu'on saisit l'esprit du compositeur, et le goût exquis, qui empêche l'artiste de se livrer aux écarts de son imagination. Continuez, dis-je, et vous fonderez une école classique, qui sera le modèle de tous les véritables artistes.

» Recevez, Monsieur, l'assurance des sentiments distingués avec lesquels j'ai l'honneur d'être votre très obéissant serviteur.

» ÉDOUARD, baron DE LANNOY,
„ Directeur du Conservatoire de musique, à Vienne.

» Vienne, le 17 mars 1834. »

Depuis la mort de Beethoven, survenue en 1827, cette œuvre géniale n'avait plus été exécutée; aussi Vieuxtemps a-t-il soin de nous l'apprendre lui-même dans son autobiographie, se faisant gloire, à juste titre, d'avoir ramené l'attention du dilettantisme sur un concerto qui, on le sait, fait encore aujourd'hui le fond le plus précieux du répertoire des violonistes.

Si nous tenions à ne pas omettre un mot de la lettre qui précède, c'est que nous la considérons, en quelque sorte, comme le programme prophétique de la brillante carrière que Vieuxtemps devait parcourir par la suite.

Mais n'anticipons pas; les événements vont marcher rapidement et sauront prouver avec éloquence la pénétration d'esprit de l'homme qui avait su deviner chez l'adolescent le futur chef d'école.

Poursuivant ses pérégrinations à travers l'Allemagne, Vieuxtemps se rendit à *Prague*, où l'avait précédé déjà la nouvelle de ses triomphes à Vienne, circonstance qui lui valut de pouvoir y organiser plusieurs concerts.

De là il se rendit à *Dresde*, puis à *Leipzig*, où il eut le bonheur de compter *Robert Schumann* au nombre de ses auditeurs.

Schumann publiait alors un journal intitulé: *Neue Zeitschrift für Musik*, dans lequel on put lire, quelques jours après le concert, l'article particulièrement remarquable qui va suivre, et que je me permets encore d'emprunter au livre de M. Maurice Kufferath.

Vieuxtemps dut être bien fier d'y voir son nom accolé à celui de Paganini, alors dans tout l'éclat de son fantastique talent.

Voici cet article:

« Quand on parle de Vieuxtemps, on peut penser à Paganini. Lorsque j'entendis ce dernier pour la première fois, je me figurais qu'il allait commencer avec un son comme personne n'en avait eu jusqu'alors. Au contraire, c'était tout petit, tout maigre. Puis vivement il commençait à développer sa chaîne magnétique: dans la masse du public, c'était d'abord de grandes indécisions ; le cercle magique, de plus en plus merveilleux, se resserrait toujours davantage ; les gens se pressaient les uns contre les autres ; lui, serrait plus fort, jusqu'à ce que cette masse rebelle se montrât soumise entièrement à tous ses caprices.   D'autres charmeurs ont d'autres procédés.   Chez Vieuxtemps, ce ne sont pas les merveilles de détail qu'il faut retenir ; et ce n'est pas davantage cet accroissement progressif de l'effet, comme chez Paganini, ou l'exagération, comme chez d'autres grands artistes, qu'il faut chercher.   Du premier au dernier son qu'il tire de son instrument, Vieuxtemps vous retient dans un cercle magique tracé autour de vous, et dont on ne trouve ni le commencement ni la fin. »

Du coup, notre jeune artiste était sacré *Maître*, et par quell plume !...

Il fallait que le charme qui se dégageait de son exécution, que le côté génial de son talent précoce fussent bien puissants pour inspirer à un artiste tel que Schumann les lignes éloquentes qu'on vient de lire.

Ce n'est pas ainsi que l'on parle d'un enfant prodige ; il y a dans ces lignes un *au delà* prophétique qui prouve que Schumann avait deviné dans l'adolescent le grand artiste inspiré que Vieuxtemps est devenu par la suite.

V

Voyage à Londres. — Moschelès. — Paganini. — Il joue en présence du grand violoniste. — Retour à Bruxelles. — Nouvelles études. — Départ pour Paris. — Reicha. — Sa manière d'étudier l'orchestration. — Composition de plusieurs œuvres.

N quittant l'Allemagne, notre voyageur se rendit à Londres, où il arriva au mois de mai 1834, c'est-à-dire en pleine saison musicale. En effet, c'est l'époque des grandes assises artistiques dont Hændel est le dieu, et où ses oratorios (*le Messie* tout particulièrement) sont encore exécutés de nos jours par des masses chorales et instrumentales qui atteignent parfois le chiffre colossal de cinq et même six mille personnes!

Déjà en 1834, le virtuose, qui aspirait à l'honneur de s'y faire entendre, devait se présenter le front ceint de l'auréole de la gloire et être armé... de lettres de recommandations.

Or, le nom de Henry Vieuxtemps n'avait pas encore traversé les mers, et il arrivait les mains vides de ces précieuses lettres qui servent si bien à aplanir les difficultés de la carrière épineuse de l'artiste.

Cependant la Providence, qui le servait si bien partout, ne l'abandonna pas encore cette fois.

Elle se présenta sous la figure du bon *Moschelès*, qui, daignant s'intéresser à lui, parvint à le faire jouer à l'un des concerts de la Société philharmonique.

« J'y exécutai le 5ᵉ air varié de de Bériot », dit Vieuxtemps.   Et il ajoute modestement : *« ce qui me valut une bonne note. »*

Une grande joie lui était réservée pendant le court séjour qu'il fit dans la capitale britannique.

Paganini, le grand Paganini, lui apparut dans toute sa gloire à l'un des concerts de la saison.

Ce fut son père qui, entrant un beau matin tout effaré dans sa chambre, lui apprit cette grande nouvelle.   « Il est ici, lui dit-il, nous allons l'entendre ce soir. »

Vieuxtemps, à l'idée du bonheur qui l'attendait, fut dans la fièvre toute la journée; mais, enfin, l'heure tant désirée sonna, et l'homme au nez long, à la crinière abondante, au corps grand et sec, véritable type des contes d'Hoffmann, lui apparut tel que sa jeune imagination l'avait rêvé.

Je ne puis mieux faire qu'en rapportant ici une partie du récit original que Vieuxtemps a fait lui-même de cette soirée mémorable, dans son autobiographie :

« Je m'en souviens comme si cela datait d'hier, dit-il; je le vois, je l'entends toujours.

» Son apparition théâtrale, fantastique, impressionnait profondé- ment; on éprouvait comme une sorte de terreur superstitieuse à la vue de cet homme d'aspect méphistophélique, jouant avec la puissance que l'on sait les fameuses variations dites: *les Sorcières.*

» Quand il entrait en scène, les applaudissements qui l'accueillaient n'avaient pas de fin.   Pour quelque temps, il avait l'air de s'en amuser; puis, tout à coup, quand il en avait assez, d'un coup d'œil d'aigle, diabolique, il regardait le public et lançait un trait, vraie fusée, partant de la note la plus grave et atteignant la plus haute du violon, et cela avec une rapidité, une puissance de son si extraordinaire, si éblouissante, si vertigineuse, que déjà on se sentait fasciné, subjugué, électrisé...

» A l'époque où j'entendis Paganini, je n'avais que 14 ans à peine, mais j'étais cependant déjà assez avancé dans l'art de jouer du violon pour comprendre toute l'immensité de son talent. L'impression qu'il me fit fut foudroyante, et, quoique ne pouvant me rendre un compte exact des moyens dont il se servait pour arriver aux effets rendus, mon étonnement n'en fut pas moins immense. »

Vieuxtemps continue, pendant plusieurs pages encore, à énumérer une à une les qualités qui faisaient de ce diable d'homme une exception éblouissante, mais il constate cependant qu'il ne possédait pas la grande noblesse de style, la simplicité naïve qui caractérisaient le talent de son maître, de Bériot.

Si l'on tient compte de l'enthousiasme si naturel chez un jeune homme de 14 ans, virtuose lui-même, et s'intéressant malgré tout à cette partie technique de l'art du violon, on trouvera certainement que le jugement qu'il porte sur le talent de Paganini ne diffère pas autant qu'on pourrait le supposer de celui de Schumann, qui, compositeur et homme d'imagination, devait apprécier plus froidement des *tours de force*, étonnants sans doute, mais dans lesquels il ne pouvait reconnaître l'expression d'un art pur et vraiment idéal.

C'est pourquoi il lui préférait Vieuxtemps, dont l'exécution annonçait déjà le respect de l'art, par la distinction du style et la grandeur de la conception.

Il y avait à Londres, à l'époque où les faits que nous venons de rapporter se passaient, un *médecin des artistes,* du nom de *Baeling*, chez lequel toutes les célébrités défilaient pendant la grande saison musicale.

C'est dans la maison de ce docteur mélomane que Vieuxtemps eut l'insigne honneur d'être présenté à Paganini, et même de jouer devant lui un solo de de Bériot.

L'impression qu'il produisit dut lui être très favorable, car un journal anglais rapporte qu'émerveillé du talent précoce de l'enfant, le grand artiste italien s'écria : « Ce petit garçon deviendra un grand homme.»

Au souper qui fut offert par l'excellent docteur à ses illustres invités, Paganini voulut que son jeune rival fût assis à côté de lui, et pendant plusieurs heures il lui fit boire force rasades.

Si le résultat de ce premier voyage à Londres fut une déception pour le virtuose, l'artiste y recueillit de nouveaux sujets de méditation qui, plus tard, devaient porter leurs fruits.

Il reprit le chemin de Bruxelles vers le mois de juin ou de juillet, la tête pleine des impressions diverses que lui avaient fait éprouver les nombreux artistes entendus un peu partout pendant cette tournée artistique,

Premier buste de Vieuxtemps par Delbove.
(Musée de Verviers)

qui n'avait pas duré moins d'un an.

La fin de l'année 1834 et les premiers mois de l'année suivante furent consacrés à de nouvelles études. où la méditation joua le rôle principal.

Par ce travail, en quelque sorte d'*incubation*, Vieuxtemps chercha à s'approprier la quintessence des différents styles qui caractérisaient la manière des Spohr, Mayseder et Paganini; bâtissant ainsi l'édifice sur lequel s'étayerait bientôt sa puissante personnalité.

Le précepte de de Bériot : *écouter et réfléchir*, recevait son application la plus large.

Ce fut pendant l'hiver de 1835 à 1836 que Vieuxtemps reprit avec une nouvelle ardeur ses études de composition à Paris, sous la direction de *Reicha*, qui jouissait alors d'une réputation de savant musicien.

Pour tout autre, des conséquences fâcheuses auraient pu résulter de ces études faites à bâtons rompus, sous différents maîtres, dont la science et les aspirations artistiques appartenaient à des écoles distinctes.

Il n'en fut rien, cependant, grâce à un instinct harmonique naturel, et aux excellents modèles qu'il sut toujours choisir dans les classiques pour en faire l'objet de ses profondes méditations.

Charge faite à Paris par Dantan jeune.
(Musée de Verviers)

Celles-ci l'amenèrent à s'essayer dans un genre de composition un peu plus noble de fond et d'idée que l'éternel air varié, très à la mode alors et non encore complètement disparu de nos jours, hélas! pour le supplice des gens de goût.

Les concertos de Viotti, ceux de Spohr, si purs de forme, si chatoyants de mélodies, avaient fait impression sur l'imagination du jeune Vieuxtemps, et son rêve fut dès lors d'arriver, en quelque sorte, à concilier leur pureté classique avec les exigences d'un art plus moderne.

De cette idée, qui germait dans son esprit, devait sortir le fameux *concerto en mi.*

Mais il y préluda d'abord par des morceaux de moins grande envergure, tels que *Fantaisies*, où les *soli* étaient coupés par des épisodes symphoniques ; *Concertinos*, œuvres de forme plus libre que le concerto et réclamant moins de qualité de facture, etc.

Parmi tous ces essais se trouvait une fantaisie pour laquelle notre jeune compositeur professait une certaine estime, et qu'il aurait désiré faire connaître. Mais ici se présentait une grande difficulté ; jamais aucun de ses maîtres ne lui avait parlé orchestration, il ne connaissait ni l'étendue des instruments, ni la nature de leur voix, et moins encore le rôle qu'un bon coloriste peut, par l'assemblage de leurs timbres particuliers, leur faire jouer dans la trame harmonique.

En cette occurrence, il résolut d'apprendre pratiquement ce qu'on avait négligé de lui apprendre théoriquement. Il demanda et obtint l'autorisation d'aller s'asseoir à côté des artistes qui composaient l'orchestre de la Monnaie, et dès ce moment commença pour lui une véritable chasse aux renseignements.

Il s'installait un jour près des cors, le lendemain près des hautbois, puis enfin près des clarinettes, ne prêtant aucune attention à la scène, mais observant le rôle que les maîtres faisaient jouer à chacun de ces instruments dans l'ensemble orchestral.

Pendant les entr'actes, il s'emparait de la grande partition, et cherchait à se rendre compte d'un effet qui l'avait frappé dans le cours d'un morceau.

Ce travail, le meilleur en somme qu'un élève puisse faire, lui fut des plus profitables, en ce sens qu'il développa en lui les qualités natives de coloriste qu'il devait dévoiler plus tard d'une façon si éclatante.

Lorsqu'il se sentit assez sûr de lui-même, il entreprit bravement l'instrumentation de son œuvre qui, achevée (c'est lui qui nous l'apprend), « ne sonnait pas trop mal ».

Ses concitoyens eurent la primeur de cette fantaisie, qu'il joua ensuite à Bruxelles, à Anvers, en Hollande et même en Allemagne ; partout elle fut accueillie, non comme une œuvre achevée, elle en était loin, mais comme les premières aspirations d'une imagination qui s'éveillait et dont on pouvait attendre beaucoup.

Il eut bientôt l'occasion de faire entendre une nouvelle production qui vit le jour à Vienne, sous l'œil paternel de son ancien maître, Simon Sechter.

Ce fut aussi à Vienne qu'il en fit la première exécution, couronnée d'un plein succès. La conception plus grande, les idées plus nobles, marquaient un pas en avant, et laissaient déjà deviner que Vieuxtemps ne se contenterait pas de tenir un jour le sceptre du violon dans la grande famille des virtuoses, mais qu'il étonnerait le monde par l'audace de vastes productions appartenant au domaine le plus élevé de l'art.

Une fois lancé dans la carrière du compositeur, sa verve productive ne s'arrêtera que le jour où la mort aura glacé sa main.

Le fait est que, moins de trois mois après l'achèvement de l'œuvre jouée à Vienne, il terminait à Dresde une nouvelle composition sous le titre de : *Deuxième concerto en fa dièze mineur*, qui lui valut son premier succès sérieux de compositeur.

Bien qu'elle ne marquât encore qu'une étape modeste dans la voie glorieuse qu'il devait parcourir, cette œuvre eut les honneurs de la gravure. Ce fut, je pense, le premier morceau que notre jeune auteur de 17 ans livra à la publicité.

Croquis fait d'après nature
lorsque je composais le nocturne en fa# mineur

Comme tous les hommes vraiment supérieurs, Vieuxtemps se jugeait sévèrement.

Les encouragements qu'il recevait de partout, loin de le griser, stimulaient au contraire son zèle au travail, et aiguillonnaient son imagination impatiente d'atteindre à l'idéal rêvé.

Ah ! il sentait réellement sa force, l'homme qui, répondant à une lettre couvrant de fleurs ce deuxième concerto, disait : « Mille remerciements, mon cher Monsieur, pour les quelques lignes que vous voulez bien m'adresser : je regrette seulement que les compliments y fourmillent.   Vous savez cependant que je ne les aime pas, et vous saurez que maintenant je les déteste, car plus j'avance dans mon art, plus je me vois éloigné du but. »

Combien de jeunes artistes de nos jours tiendraient sincèrement semblable langage?   Il n'en est pas un qui, au début de sa carrière, ne s'arroge le droit d'en remontrer aux maîtres les plus justement renommmés, et ne traite les gloires de l'art avec la dernière irrévérence.

VI

Voyage en Russie. — Retour à Bruxelles. — Nouveau départ pour la Russie. —Grave maladie à Narva. —· Le « Concerto en mi, » et la « Fantaisie-Caprice. » —Appréciation de ces œuvres. — Le « Concerto » à Bruxelles et à Anvers. — Vieuxtemps est décoré de l'Ordre de Léopold.

U commencement de l'année 1837, Vieuxtemps prit son vol vers la Russie.

Les artistes ont de tout temps désiré visiter ce pays des *roubles*, où la virtuosité est encore, de nos jours, très en honneur.

C'est qu'aussi l'hospitalité y est courtoise, raffinée, et que nulle part les artistes ne sont reçus avec plus de déférence.

La cour et l'aristocratie se font un devoir de les accueillir et de les choyer. Vieuxtemps le savait, et l'idée de s'y faire connaître et apprécier hantait son esprit depuis longtemps.

Son bagage artistique avait pris une certaine consistance, et c'était, comme il le dit lui-même d'une façon si originale : "Armé de pied en cap, *cuirassé de sa musique* », qu'il arrivait à Saint-Pétersbourg.

La saison malheureusement était trop avancée pour qu'il pût y espérer ample moisson de gloire et d'argent; aussi ne parvint-il à y organiser qu'un seul concert qui eut lieu le 23 avril (8 mai), et qui ne semble pas avoir eu un grand retentissement.

Il reprit sans tarder le chemin de Bruxelles.

Après avoir pris quelque repos, Vieuxtemps, qu'une force irrésistible attirait vers la Russie, y retourna avec son père, le cœur plein d'espérance, et convaincu cette fois qu'il saurait forcer l'attention. Il ne se trompait pas.

Cependant, une maladie grave, qui faillit le mettre au tombeau, l'alita pendant près de trois mois, à Narva.

C'est durant sa convalescence qu'il conçut les plans de sa *Fantaisie-Caprice* et de son *Concerto en mi*: deux œuvres qui resteront comme les plus beaux fleurons de sa couronne artistique.

Sa maladie eût la conséquence de retarder d'une année, au moins, l'heure du triomphe; mais ce temps fut consacré au parachèvement du concerto et de la fantaisie qui allaient bientôt révolutionner le monde musical par l'audace et la grandeur de leur conception.

C'est dans un concert qui eut lieu le 4/16 mars 1840, au théâtre de Saint-Pétersbourg, que Vieuxtemps les exécuta pour la première fois en public.

L'effet fut immense, écrasant! On se fit alors difficilement à l'idée que ce virtuose de 20 ans pût être à la fois l'émule de Paganini et le rival des compositeurs les plus renommés.

La malveillance s'en mêla et l'on se prit à lui contester la paternité de ces enfants de son intelligence.

Il y avait cependant dans ces compositions un souffle si original, un parfum de nouveauté si piquant, qu'ils eussent bien dû ouvrir les yeux aux plus incrédules et les convaincre qu'ils avaient affaire à une nature bien personnelle, et que rien de ce qui avait été créé auparavant dans la littérature du violon ne ressemblait à ces deux œuvres.

En effet, Vieuxtemps, selon l'expression d'Alfred de Musset, *buvait dans son verre*, et si la pensée a faibli plus tard, elle revêt ici toute la saveur d'une imagination prime-sautière, fortement imprégnée d'un enthousiasme juvénile, avide de formes nouvelles, et dont l'audace atteint parfois jusqu'au lyrisme.

Ce mot de *Pfau* à propos d'un artiste de grand talent : « X... est un virtuose qui joue de son instrument dans la perfection, mais qui ne trouve pas une idée » ne pourrait certes pas s'appliquer à notre musicien, comme auteur des deux œuvres qui nous occupent.

Pour les juger sainement et avec toute l'impartialité désirable, il faut se reporter à cette époque du romantisme que l'on a surnommée si irrévérencieusement de nos jours l'*art de 1830*. C'est, en effet, de ce courant d'idées, qui avait envahi l'art et la littérature, que découle le *Concerto en mi* et la *Fantaisie-Caprice*.

Le concerto me donne l'impression que font ressentir les grandes toiles historiques, dont l'*Abdication de Charles-Quint*, de Gallait, peut figurer le type accompli. Il y a dans la grandeur de la conception, dans l'admirable ordonnance et la hardiesse du plan, dans le convenu de la facture, quelque chose du fini des œuvres romantiques de l'époque.

C'était un art bien soigné et qui contrastait singulièrement avec la mise négligée et la chevelure en désordre des artistes en vogue.

Le réalisme était alors dans la personne de l'artiste comme il est aujourd'hui dans ses œuvres : c'est une transformation.

L'art est du reste soumis à des fluctuations perpétuelles ; c'est pourquoi l'historien doit mettre les choses à leur place, en considérant comme des étapes ses différentes manifestations.

Le XVe siècle a été en musique le siècle polyphonique par excellence. Dès le milieu du XVIe, la mélodie se dégage des recherches scolastiques poussées au paroxysme par les *Okegem* et les *Adrien Willaert*, et elle règne en maîtresse pendant les XVIIe, XVIIIe et une partie du XIXe siècle.

Aujourd'hui la roue a tourné, et nous en revenons à la polyphonie, mais avec la grandeur de conception et l'idéal en plus.

1830 fut donc une étape dans l'art, et les œuvres qui répondaient si bien aux aspirations du moment, ont droit de cité, et tiendront une place considérable dans l'histoire.

Cela dit, je suis parfaitement à l'aise pour établir d'une façon irréfutable que Vieuxtemps, en composant son *Grand concerto en mi* et sa *Fantaisie-Caprice*, en 1840, a fait œuvre de novateur.

Le premier allegro du concerto est, à lui seul, par sa contexture, son développement colossal, la richesse de ses idées mélodiques, l'élégance de son tissu harmonique et son travail orchestral si distingué, une œuvre complète.

Je me suis toujours demandé pourquoi son auteur l'avait fait suivre des deux autres parties.

En s'arrêtant à la fin du premier morceau, qui renferme tous les éléments d'une composition achevée, il eût eu la gloire de donner au concerto *une forme* nouvelle.

Son style épique contraste singulièrement, avouons-le, avec l'insignifiance des tendances artistiques de la romance et du rondo qui suivent, deux pièces du domaine de ce que j'appellerais volontiers *amusements musicaux*, fort bien troussés, du reste, mais dont le but évident est de mettre en relief la virtuosité de l'exécutant, ce qui n'a plus aucun rapport avec l'œuvre idéale.

La *Fantaisie-Caprice*, ce chef-d'œuvre de grâce, de tendresse et d'émotion sincère, est un tableau de genre d'une exquise fraîcheur.

Là encore, la forme était nouvelle ; elle a été fort imitée depuis, mais aucun des imitateurs n'a su faire l'équivalent de cette perle harmonique, et Vieuxtemps lui-même n'a plus retrouvé plus tard la source idéale où son âme d'artiste s'était abreuvée pour créer cette œuvre.

Quel charme dans ces mélodies ! quel naturel et quelle expression dans ces harmonies si tendres et si bien venues ! Ah ! on ne pense et l'on n'écrit ainsi qu'au printemps de la vie. On fait mieux dans l'âge mûr, mais ce n'est plus aussi bien, parce que le cœur de l'artiste a besoin d'enthousiasme et que celui-ci restera éternellement l'apanage de la jeunesse.

Au mois de juillet de cette même année 1840, qui avait vu éclore ces deux chefs-d'œuvre, Vieuxtemps, de retour à Bruxelles, les fit connaître au public de la capitale, dans un concert donné au Temple des Augustins.

Après le premier *tutti* du concerto, et avant que son auteur eût fait entendre la première note du solo qui le suit, le public, transporté, applaudit avec frénésie.

Le souffle ardent de cette préface musicale avait mis le feu aux quatre coins de la salle, et l'on put craindre un moment que le compositeur ne tuât le virtuose ; mais on ne tarda pas à s'apercevoir que l'un marchait l'égal de l'autre, et lorsque, le morceau terminé, les applaudissements reprirent de plus belle, on vit de Bériot, le doux de Bériot, gravir les marches de l'estrade, la figure bouleversée par l'émotion, et tomber dans les bras de son cher disciple devenu à son tour un grand maître !

Peindre la physionomie de la salle à ce moment est impossible ; le délire était à son comble, on n'applaudissait plus, on trépignait.

Cet événement artistique eut, on le comprend, un immense retentissement dans le pays. Aussi la municipalité d'Anvers, qui organisait pour le mois d'août suivant un festival de musique à l'occasion de l'érection de la statue qu'elle élevait à son grand *Rubens*, s'empressa-t-elle de réclamer le concours du grand artiste et une nouvelle audition de son *Concerto en mi*, désormais à la mode. Son succès fut, cette fois encore, extraordinaire et prit les proportions d'un véritable triomphe.

« A un moment donné, dit Vieuxtemps lui-même dans une lettre adressée à l'un de ses amis, les quatre-vingts dames et jeunes filles qui se trouvaient sur l'estrade pour l'exécution de l'oratorio *Le Messie*, et qui faisaient l'office de choristes, me jetèrent des bouquets et me couvrirent littéralement de fleurs. » — De là jaillit comme une étincelle électrique une réputation qui devait faire le tour du monde. « Je me demandais, ajoute-t-il modestement, si je méritais cette ovation, cet enthousiasme délirant que j'avais provoqué. Je me croyais si peu de chose qu'il me paraissait hors de toute proportion avec mon mérite. Depuis, ces triomphes se renouvelèrent à Paris, à Londres, à Berlin, à Vienne; je finis par m'y habituer. Mais le seul qui m'ait arraché des larmes, c'est celui qui m'est arrivé à Anvers; c'est à lui que je suis redevable de ma longue et brillante carrière. »

Une couronne superbe lui fut aussi offerte par le comité organisateur de cette fête mémorable, et, afin que cette journée marquât d'une façon ineffaçable dans la vie artistique de son héros, Charles Rogier, alors ministre des beaux-arts, obtint pour lui la croix de l'ordre de Léopold.

Je ne puis m'abstenir de reproduire ici les termes flatteurs dans lesquels était libellé l'arrêté royal qui accordait cette haute distinction à cet artiste de 20 ans. Je l'emprunte au livre de M. Maurice Kufferath : « Compositeur très distingué, en même temps qu'instru-mentiste éminent, à un âge où les autres commencent à peine la carrière. »

Ce juste hommage, décerné d'une façon si originale par le grand citoyen qui contribua à donner à la Belgique son indépendance, par ce ministre ami des arts et des artistes, ne pouvait se produire sans exciter l'envie, et ce fut une nouvelle occasion pour ceux qui, de tout temps, s'acharnent aux renommées naissantes, de trouver la distinction prématurée.

D'autres, à vrai dire, approuvèrent hautement et crurent que Vieuxtemps pouvait dire comme le Cid :

> Je suis jeune, il est vrai, mais aux âmes bien nées,
> La valeur n'attend pas le nombre des années.

Qu'importe, en effet, l'âge de l'artiste, si son œuvre est grande et belle? Et celle-ci l'était: je n'en veux pour preuve que sa longévité.   Voilà près d'un demi-siècle qu'elle brille sans avoir subi l'atteinte du temps.

Privilège bien rare, surtout dans un art où les transformations sont si fréquentes et si... voyantes !

Voici comment fut appréciée, par le *Journal d'Anvers*, l'œuvre qui nous occupe, et qu'on appela longtemps le « fameux » *Concerto en mi :*

« Vieuxtemps, par le chef-d'œuvre qu'il vient de mettre au jour, par la perfection désespérante avec laquelle il l'exécute, a produit une révolution dans l'école du virtuose ; il s'est placé à la tête d'une école qui offre d'autant plus d'avenir qu'elle réunit à la fois le sévère au gracieux, le classique à l'élégant.   Il laisse loin derrière lui tout ce qui a été fait jusqu'à ce jour, et aucune comparaison n'est possible.   Son école n'appartient qu'à lui, on n'y reconnaît personne. »

Et comme si ce journal de 1840 avait voulu donner plus de force à l'opinion que j'émets en 1890 sur la première partie du concerto, et prouver que ses tendances audacieuses rompaient en visière aux œuvres similaires de l'époque, il ajoute :   « La première partie n'est bien appréciable que par les gens de l'art ; c'est *l'œuvre classique.* » Eh bien, non ; cette prétendue œuvre classique était du romantisme le plus pur, pleine de liberté, s'affranchissant des formes connues, et pour cette raison ne pouvait être accessible aux intelligences stationnaires, toujours en grand nombre aux époques de transition dans l'art.

C'était certainement le cas pour le chroniqueur du *Journal d'Anvers* qui, dans son article, s'extasie ensuite sur les deux dernières parties du concerto qu'il juge « dignes d'entrer en parallèle avec les chefs-d'œuvre de Mozart et de Haydn ».

VII.

Triomphes à Paris. — Baillot, Berlioz. — Publication du « Concerto » et de la « Fantaisie ». — Le sculpteur Dantan fait le buste de Vieuxtemps.

ETTE année 1840 laissa dans l'âme de l'artiste une empreinte que rien ne put effacer. « L'impression qui m'en reste, dit-il dans son autobiographie, est celle du plus beau, du plus éclatant, du plus touchant, du plus radieux souvenir de toute ma vie ! »

Le nom de Vieuxtemps commençait à se répandre dans le monde, mais il lui manquait encore la consécration parisienne. Paris était devenu son objectif; il y rêvait sans cesse, et, malgré la confiance que ses succès devaient lui donner, une certaine crainte hantait son esprit. « Quand j'aurai terminé toutes mes petites affaires, écrivait-il le 19 novembre 1840 à un ami, je partirai immédiatement pour la capitale des capitales pour y chercher mon brevet d'artiste premier numéro..... ou de *nullité*. »

Sur les conseils de de Bériot, Vieuxtemps avait décidé qu'il passerait l'hiver de 1841 à Paris.

Pour la première fois depuis qu'il avait commencé son existence nomade, il partit seul.

Jusque-là son père l'avait accompagné dans tous ses voyages, réchauffant son ardeur au travail dans les heures de désespérance ou de lassitude, l'encourageant toujours, mais aussi restant confiné dans sa peau de vieux soldat de Leipzig, et montrant une sévérité excessive qui bien souvent assombrit le front de notre pauvre jeune homme, impatient de jouir d'une liberté d'autant plus désirable, qu'elle lui avait été absolument refusée jusqu'alors.

Vieuxtemps s'est étendu longuement sur ce chapitre dans son autobiographie. J'en détache quelques extraits qui montreront de quelle façon il apprécia plus tard les rigueurs paternelles :

« Je dois confesser que l'extrême sévérité de mon père, que je trouvais injuste, exagérée, lui avait aliéné mon affection et ma confiance. Mais je m'empresse de déclarer que par la suite, quand j'ai reconnu toute la grandeur et la bonté de son caractère, son désintéressement, sa sollicitude de tous les instants, de toute sa vie, je lui ai rendu toute mon affection et j'ai saisi chaque occasion de lui prouver ma parfaite dévotion, mon profond amour.

» Aussi, bien des années avant sa mort, survenue en 1866, nous entendions-nous le mieux du monde et étions-nous les plus grands amis de la terre.

» Il avait des idées à lui, très entières il est vrai, mais qui étaient, il faut en convenir, celles de son temps.

» Sa rigidité envers moi était incompréhensible, et nous ne l'admettrions plus de nos jours pour nos enfants. Mais c'était pour mon bien. Elle m'a souvent sauvé des mains des exploiteurs, des spéculations féminines les plus dangereuses !... qui sait ?... de la perte de mon intelligence, de mon talent, de la vie peut-être.

» C'est lui qui m'a inspiré, par son exemple, le respect, la vénération de la femme. Il m'en est toujours resté vis-à-vis de cette adorable créature une timidité insurmontable...

» La conséquence de cette surveillance paternelle fut, qu'arrivé à Paris, avec de l'argent plein mes poches, maître absolu de mes journées et de mes nuits, je continuai à me conduire comme si mon père était toujours à mes côtés. Mes journées se passaient en courses d'affaires, en visites. Le soir, à 7 heures, je rentrais, prenais mon violon, travaillais sans relâche, souvent jusqu'à 2 et 3 heures du matin. Je n'avais en vue que mon art. Je ne pensais qu'à ce moment désiré, et pourtant si redouté, où j'allais me produire devant ce public français, qui de tout temps a fait ou défait les réputations mal assises; et c'est avec confiance que, bien préparé, je parus enfin devant lui. »

Dans une lettre qu'il adressa à cette époque à l'un de ses amis d'Anvers, M. Lejeune, Vieuxtemps fait un tableau saisissant de la physionomie de la salle le jour de cette épreuve mémorable : « Mon cœur battait bien fort en arrivant en scène, dit-il; cependant l'idée que je jouais là devant un public choisi, d'amateurs et d'artistes distingués, et puis les applaudissements que m'avait prodigués l'orchestre aux répétitions me donnaient singulièrement de l'assurance. »

Hâtons-nous de le dire, la réussite fut complète, et les passages les plus saillants de son œuvre furent souvent soulignés de ces murmures approbateurs, expression si éloquente de l'émotion de l'auditoire, qui vont droit au cœur de l'artiste.

« Le morceau a été généralement compris et apprécié, dit encore Vieuxtemps. Néanmoins, quelques champions de l'*air varié* ont trouvé que c'était bien long ce Concerto! D'autres, plus francs, et de ce nombre se trouvait le célèbre flûtiste T..., ont tout bonnement dit que l'œuvre était détestable. »

Notre artiste a pu se consoler aisément des criailleries des envieux et de l'ignorance des adeptes de l'air varié, comme il le dit, en recevant les éloges autorisés des *Baillot, Chopin, Franchomme, de Bériot, Habeneck*, etc., qui tous apprécièrent son Concerto comme il méritait de l'être, c'est-à-dire comme une œuvre originale et puissante.

« Le plus touchant des hommages que reçut Vieuxtemps à propos du *Concerto en mi,* » dit M. Maurice Kufferath dans son excellent livre, « celui qui dut réjouir singulièrement le cœur de l'artiste, c'est l'admiration que lui témoigna *Baillot*, le chef de l'école française du violon. Baillot, enthousiasmé, courut sur l'estrade après l'exécution du Concerto et embrassa chaleureusement Vieuxtemps en présence des artistes de l'orchestre. Dans la matinée du lendemain, quelqu'un frappa à la porte numérotée du modeste hôtel où était descendu Vieuxtemps. C'était encore Baillot; Baillot, septuagénaire, à la tête blanche, qui venait faire sa visite à l'imberbe virtuose-compositeur, ne se tenant pas quitte envers lui par ses félicitations de la veille. »

Tous les journaux accueillirent avec enthousiasme la venue de ce nouveau Messie de l'art, et parmi les éloges qui lui furent prodigués, il en est qui, par leur provenance, flattèrent bien agréablement son amour-propre.

« Vous apprendrez avec plaisir, ajoute Vieuxtemps dans la lettre précitée, que *Berlioz* a fait sur moi un article des plus flatteurs. L'approbation de cet homme, *qui dit du mal de tout le monde*, est une grande chose. J'ai fait sa connaissance en allant chez lui pour le remercier, et il m'a parfaitement accueilli. »

Berlioz, on le sait, avait horreur de la banalité. Toute œuvre qui n'avait pas de tendance vraiment artistique, qui sentait le mercantilisme, ne trouvait pas grâce à ses yeux. Or, en sa qualité de chroniqueur du *Journal des Débats*, contraint à fournir un feuilleton par semaine, il fut souvent appelé à dire son opinion sur des œuvres dont l'insignifiance n'avait d'égale que la morgue de leurs auteurs. De là cette mauvaise humeur qui s'exhalait en termes plus ou moins acerbes, et cette réputation d'homme méchant, qu'il ne méritait certes pas.

Ainsi que Vieuxtemps le constate lui-même, Berlioz était accueillant et ne refusait jamais un conseil aux jeunes artistes chez lesquels il avait découvert la sincérité et le respect du grand art.

Né avec un idéal au cœur, il voulait chez les autres cette religion du beau à laquelle il est resté obstinément fidèle toute sa vie; souffrant amèrement des injustices de ses contemporains, mais restant malgré tout inébranlable dans ses convictions artistiques.

Cette sincérité, cette tendance vers le grand art, ils les avait trouvées dans le *Concerto en mi* et dans la *Fantaisie-Caprice*, et, sans connaître leur auteur, il l'avait dit dans son journal, simplement, chaleureusement, avec le sentiment du devoir accompli et la conviction qu'en agissant ainsi il servait la bonne cause.

En cette occurrence, notre jeune artiste a pu se convaincre que Berlioz *ne disait pas du mal de tout le monde*, mais seulement des œuvres *d'un certain monde*.

J'ai tenu à faire cette petite digression au sujet d'un maître que j'ai eu le bonheur d'approcher souvent pendant les premières années que j'ai passées à Paris, et dont j'ai pu étudier de près la nature abrupte, mais généreuse au fond, et cachant, sous des dehors sombres, un cœur bon et sensible.

Voici maintenant le jugement porté par ce passionné *du neuf* en musique, sur le double talent de Vieuxtemps comme virtuose et comme compositeur :

" M. Vieuxtemps est un violoniste prodigieux, dans la plus rigoureuse acception du mot. Il fait des choses que je n'ai jamais entendues par aucun autre ; son *staccato* est perlé, fin, radieux, éblouissant ; ses chants en double corde sont extrêmement justes ; il brave des dangers effrayants pour l'auditeur, mais qui ne l'émeuvent nullement, sûr qu'il est d'en sortir sain et sauf ; sa quatrième corde a une voix de toute beauté.

„ Son *Concerto en mi* est une très belle œuvre, d'un effet splendide en général, inondée de détails ravissants dans l'orchestre comme dans la partie principale, et instrumentée en grand maître.

„ Pas un des personnages de l'orchestre, si obscur qu'il soit, n'est oublié dans sa partition ; il fait dire à chacun à propos quelque chose de piquant ; il n'y a pas jusqu'au triangle, qu'on emploie aujourd'hui presque partout sans intelligence et sans goût, qui ne place fort joliment son mot de temps en temps. „ Berlioz fait allusion ici à la partie consacrée à cet instrument de percussion dans le *rondo* du *Concerto*, et dont l'effet cristallin est de tous points délicieux. " Il a tiré grand parti, dit encore le grand critique, de la division des violons de l'orchestre en trois ou en quatre, avec les altos pour basse en *tremolo* continu, pour accompagner les *solos* du violon principal. C'est d'un frais et délicieux aspect. Le violon-roi prime au-dessus de ce petit orchestre frémissant, et vous fait doucement rêver, comme, par une nuit sereine, on rêve au bord d'un lac :

> Tandis que pâle et blonde
> La lune ouvre dans l'onde
> Son éventail d'argent.

» Il maîtrise son archet, et sait le *faire durer* tant qu'il veut, sur un son filé ou sur une cadence. Enfin, M. Vieuxtemps joint au mérite éminent du virtuose celui non moins grand du compositeur. »

Pendant cette année 1841, Vieuxtemps fut le héros de toutes les grandes fêtes musicales parisiennes. La gravure s'empara de sa personne et le représenta de toutes les façons.

Le célèbre sculpteur *Dantan* réclama l'honneur de faire son buste, grandeur nature, pour l'Exposition de Paris. Enfin, l'éditeur *Troupenas* lui fit des propositions fort avantageuses pour l'acquisition du *Concerto en mi* et de la *Fantaisie-Caprice*, qui parurent peu de temps après. Son nom, désormais célèbre par ce succès dans la grande métropole des arts, allait se répandre dans les deux mondes, où, comme nous le verrons plus loin, il devait faire ample moisson de lauriers.

VIII.

Sa réapparition à Londres. — Nouveaux succès du « Concerto ». — Opinion
des journaux. — Mademoiselle Élisa Meerti. — Vieuxtemps réfractaire !

E moment lui parut favorable pour faire une
nouvelle apparition à Londres, et y conquérir
enfin la renommée à laquelle son talent si
distingué lui donnait des droits incontestables.

Il crut néanmoins indispensable à la réalisation de son projet, de se munir de quelques
lettres d'introduction auprès des hauts person-
nages de la cour; et, dans ce but, il sollicita la faveur d'une lettre
de Sa Majesté *Léopold Ier* pour la reine *Victoria*, que ce monarque-
artiste (Léopold Ier était quelque peu compositeur) lui accorda de la
meilleure grâce du monde.

Son ami, M. *Félix Delhasse*, le remarquable bibliophile et musi-
cologue bien connu, le recommanda également à l'homme éminent
qui était alors notre ministre de Belgique à Londres, M. *Van de Weyer*,
et Vieuxtemps nous apprend lui-même, dans une lettre adressée à
M. Delhasse, le bon accueil qu'il reçut de cet éminent diplomate, qui
voulut bien se charger de remettre les précieuses lettres aux différents
personnages auxquels elles étaient adressées.

On se rappelle qu'à son début à Londres, en 1834, notre artiste
n'avait fait que peu ou point d'effet sur le public anglais.

Habitué comme il l'était alors aux prodiges de l'exécution
fantastique du grand Paganini, ce public n'avait vu chez l'enfant de
14 ans qu'une exception de plus à ajouter à celles que les caprices
de dame nature prodiguaient à cette époque, et il s'était abstenu de
démonstrations trop enthousiastes.

Cette première audition m'a valu *une bonne note,* nous disait
Vieuxtemps; celle de 1841 lui vaudra un triomphe complet, car l'enfant
est devenu un homme, un virtuose de premier ordre doublé d'un
grand compositeur !

C'est le 19 avril 1841 que Vieuxtemps se produisit de nouveau à
cette même Société Philarmonique, théâtre de ses premières armes en
1834.

Déjà le 17, à la répétition du concert, l'orchestre et les quelques
gourmets qui y assistaient lui avaient fait un succès éclatant et signi-
ficatif, éloquent avant-coureur du triomphe qui l'attendait deux jours
plus tard.

Nous trouvons dans une lettre datée du 20 avril 1841, et adressée
par Vieuxtemps à M. Lejeune, d'Anvers, les détails suivants sur cette
mémorable soirée : « Arrivons au coup décisif, au concert d'hier, où
j'ai obtenu un des plus beaux succès de ma vie d'artiste. Le public
a écouté le concerto d'un bout à l'autre sans broncher, ou, pour mieux
dire sans parler ! ce qui est déjà ici un succès immense. Il m'a
manifesté plusieurs fois, pendant le cours de ce morceau, sa satisfaction par des salves d'applaudissements longuement prolongées.

» Je n'ai pas été satisfait de l'orchestre. Le passage le plus
intéressant du premier mouvement, où les trombones dialoguent avec
le violon principal, a été tout à fait manqué par le peu de savoir du
chef d'orchestre, sir G. S..., homme vieux et vain, d'une nullité trop
complète pour que je lui en veuille. J'ai eu toute la peine du monde
à rallier mes musiciens au grand *tutti* qui précède la cadence.

» Heureusement que cette déconfiture n'en était une que pour moi,
et que la cadence a tout raccommodé. Le *rondo* a produit un effet

extraordinaire. Les applaudissements ont continué longtemps après
ma sortie de scène.

» Aujourd'hui, ajoute-t-il, les journaux sont pleins de moi. Le
Times seul observe que mon morceau est long, et en demande le
morcellement, ce que je ne lui accorderai certes pas. »

M. Maurice Kufferath a publié, dans son livre sur Vieuxtemps,
deux fragments d'articles consacrés à ce concert par le *Morning-
Post* et le *Morning-Chronicle*. Les termes en sont si flatteurs
pour notre artiste, que je n'hésite pas à les reproduire : " Ce jeune
et déjà célèbre virtuose, disait le premier de ces journaux, a captivé
du premier coup l'admiration de tous les auditeurs. Nous croyons
n'être qu'un faible écho de l'opinion générale en disant que
M. Vieuxtemps réunit dans son jeu toutes les perfections du style,
de l'intonation, de l'exécution et, par-dessus tout, de l'expression.
Quoique élève de de Bériot, il n'appartient pas à l'école de celui-ci,
il ne ressemble même à aucun des violonistes que nous avons
déjà entendus. Par une prérogative qu'il tient du génie, il fait
école lui-même, et plus d'un professeur déjà renommé pourrait,
avec avantage pour lui et pour le plaisir de ses auditeurs, recevoir
des leçons de ce jeune et habile musicien. Si nous pouvions nous
permettre une comparaison musicale, nous dirions qu'il est le
Beethoven de tous les violons connus. „

" Le trait le plus remarquable du concert, disait à son tour le *Morning-Chronicle*, a été l'apparition du jeune et illustre Vieuxtemps,
qui s'est du premier coup montré digne de la haute réputation qu'il
s'est acquise sur le continent. C'est, en effet, un artiste prodigieux
que Vieuxtemps ; son *Concerto en mi* est une œuvre de génie et
d'une grande originalité, et les effets en sont combinés de manière
à mettre encore en relief toute la puissance de sa propre exécution.
Son succès a été immense, et nul doute que le jugement des amateurs
anglais ne s'accorde en tous points avec celui qui a été exprimé
déjà sur le continent, à savoir que ce jeune homme est le violoniste
le plus remarquable de l'époque. „

Le fait est que, depuis Paganini et de Bériot, aucun des violonistes célèbres, y compris les David, les Molique, etc., n'était parvenu à faire sortir le flegmatique Anglais de son calme natif.

Vieuxtemps, par la puissante attraction de sa personnalité, avait accompli ce prodige, et l'on peut dire que pendant cette saison musicale il fut le soleil autour duquel tous les amoureux de la gloire vinrent se grouper.

Tous lui rendirent les armes et s'estimèrent heureux de paraître à ses côtés dans les soirées et les concerts où il était le grand triomphateur.

Chez le *duc de Cambridge*, très haut personnage, et passionné de musique, il y eut, à la suite du fameux concert à la Philharmonique, une soirée presque intime où Vieuxtemps et Mlle *Meerti* firent les délices d'une société aristocratique pendant près de trois heures.

Mlle Élisa Meerti était une cantatrice des plus distinguées, qui, après avoir brillé longtemps dans les concerts à Saint-Pétersbourg, en France, en Allemagne et en Hollande, épousa, en 1843, son compatriote *Joseph Blaes*, le célèbre clarinettiste.

« Je dois vous dire, écrivait Vieuxtemps à M. Lejeune, que Mlle Meerti m'a fait un plaisir immense. Elle chante avec une voix et une âme qui émeuvent. J'adore son talent. Comme personne, elle est charmante et d'un commerce des plus agréables. »

Pendant ce second voyage à Londres, notre grand violoniste fit aussi la rencontre d'*Édouard Grégoire*, un autre compatriote, avec lequel il se lia d'amitié.

Par la suite, Grégoire devint son collaborateur dans la composition d'un *Caprice pour piano et violon*, resté en manuscrit, œuvre qui cimenta entre les deux artistes ces liens du cœur que seule la mort de Vieuxtemps a pu rompre.

Ici vient se placer un incident qui, de nos jours, et par le vent de militarisme et de service personnel qui souffle en Belgique, eut pu faire naître les plus graves conséquences pour l'avenir de notre éminent musicien. Énivré par des succès dont le chapelet s'égrenait sans interruption ; adulé par des admirateurs fanatiques, Vieuxtemps avait complètement oublié qu'avant d'être un grand artiste il était citoyen, et que, comme tel, il avait des devoirs à remplir envers son pays. Or, que l'on juge de la perplexité d'esprit dans laquelle il dut se trouver en recevant communication de la lettre suivante, datée du 2 septembre 1841, et émanant du quartier général, à Bruxelles:

" M. le Bourgmestre,

„ Par sa lettre d'hier, n° 59821, M. le Gouverneur de la province me transmet les pièces nécessaires à l'immatriculation du milicien de 1839, Vieuxtemps, Jean-François-Henry, de votre commune, et m'informe que le 3 août dernier il lui a fait donner l'ordre de se présenter dans mes bureaux, pour être incorporé.

„ Le milicien précité n'ayant pas encore satisfait à cet ordre, j'ai l'honneur de vous prier de le prévenir qu'il ait à y optempérer *dans le délai de cinq jours,* s'il ne veut être poursuivi comme réfractaire.

Signé: „ Le général-major commandant la province.„

Une bombe venant éclater au milieu d'un camp endormi n'eut pas produit un effet plus terrifiant que cette missive. Pendant plusieurs heures, Vieuxtemps eut des visions de bonnets à poils à ses trousses!

La réflexion lui vint cependant, et le fit sortir peu à peu de son ahurissement. Il comprit que les lois d'un pays, si cruelles qu'elles pussent lui paraître au moment où elles s'appesantissaient sur lui, n'avaient rien que de très légitime au fond, et il eut bientôt pris le seul parti que les événements commandaient ; il s'empressa de boucler ses malles et vint se présenter en personne aux bureaux du général-major, où on lui remit une feuille de route, 1 franc 85 centimes, et l'ordre de rejoindre son corps à Termonde.

Hâtons-nous d'ajouter que des protections bienveillantes s'employèrent utilement en sa faveur, et qu'il ne tarda pas à obtenir son congé définitif.

IX

Deuxième voyage en Hollande. — L'Allemagne et l'Autriche acclament le
compositeur-virtuose. — Départ pour l'Amérique. — La Nouvelle-Orléans. —
Médaille frappée en son honneur. — Le « Concerto en la ». — Ire exécution
à Bruxelles. — Spontini assiste au concert.

E retour forcé dans la mère patrie et cette
libération inattendue du service militaire ramenèrent un peu de calme dans son existence si
agitée depuis quelques années, et il crut avoir
le droit de prendre quelque repos.

Il ne fut pas longtemps à s'apercevoir que
l'artiste pris dans l'engrenage de la gloire ne
s'appartient plus, et que, nouveau juif-errant, il faut, coûte que coûte,
marcher, marcher toujours !

En effet, la Hollande, qui avait acclamé naguère l'enfant prodige,
voulait revoir ce *petit* Vieuxtemps, que la grande voix de la renommée
proclamait aujourd'hui musicien de génie, et il fallut obéir.

Ce lui fut du reste une joie réelle de se retrouver au milieu de cette
population qui l'avait tant choyé lors de ses débuts dans la carrière,
et de constater l'accueil enthousiaste qu'elle fit cette fois *aux enfants*
de son imagination, car désormais le compositeur prendra dans le
monde entier une grande part des triomphes du virtuose.

Vieuxtemps, pour répondre à la fièvre délirante que son talent avait allumée dans le cœur de ses admirateurs hollandais, dut multiplier ses auditions et rayonner un peu partout dans le pays pendant plusieurs semaines.

Chaque concert venait ajouter un nouveau fleuron à sa couronne de gloire. Pas un succès qui ne fût chanté par les poètes du cru, dans des vers dithyrambiques où l'on comparait celui qui en était le héros aux dieux les plus harmonieux de l'Olympe!

De tous les pays parcourus à ce jour par notre célèbre compatriote, l'Allemagne et l'Autriche seules étaient restées dans l'ignorance du Vieuxtemps compositeur. Le virtuose, on s'en souvient, y avait fait florès dès 1833; les plus grands musiciens, Schumann en tête, lui avaient prédit le plus brillant avenir, et les récents succès de Saint-Pétersbourg, de Paris et de Bruxelles, semblaient prouver surabondamment que ces prédictions s'étaient réalisées. L'attention était donc suffisamment éveillée dans ces deux pays, pour que l'annonce de l'arrivée prochaine de Vieuxtemps, y venant faire connaître ses compositions, excitât la plus grande curiosité.

Ce fut *Munich*, ville éminemment artistique et possédant un excellent orchestre, que l'artiste choisit tout d'abord pour faire apprécier ses œuvres. Leur succès fut complet, grandiose! L'enthousiasme de ce public connaisseur vibra dans le cœur de Vieuxtemps au point de lui arracher des larmes. Il y vit, avec raison, la consécration définitive de son talent de compositeur.

Cette soirée, ce triomphe pour mieux dire, eut un tel retentissement dans le monde, que la première séance qu'il organisa en arrivant à *Vienne* fut honorée de la présence de l'empereur et de l'impératrice, qui donnèrent à différentes reprises le signal des applaudissements.

Les ovations et les acclamations du public se renouvelèrent ainsi pendant une longue série de concerts.

C'est à ce moment qu'il fit les préparatifs de son premier voyage en *Amérique*, où il arriva dans les derniers jours de novembre, après une traversée des plus accidentées.

Tempêtes furieuses; incendie à bord; un homme perdu en mer; enfin, aucun des éléments propres à impressionner puissamment une âme d'artiste ne fit défaut à notre voyageur, qui pourtant resta impassible en présence de cette nature déchaînée, composa un premier livre d'études et traça les grandes lignes d'un nouveau concerto. Il avait confiance dans son étoile.

Débarqué à *New-York*, il visita successivement *Boston*, *Albany* et quelques autres villes; mais quantité d'artistes arrivés avant lui, au nombre desquels se trouvaient *Artot* et *Ole-Bull*, lui faisaient une concurrence telle, qu'il s'empressa de gagner la *Nouvelle-Orléans*.

Dans cette ville, ses concerts excitèrent tant d'enthousiasme, qu'en moins de quinze jours il fut forcé d'en donner sept.

Le premier février, Vieuxtemps s'embarquait pour le *Mexique*, se faisait applaudir à *Vera-Crux*, *Mexico*, puis se rendait à *l'île de Cuba* où il était accueilli, comme partout, par les marques non équivoques de l'admiration générale.

On le voit, les lauriers et les couronnes pleuvaient sur sa tête; il n'en était malheureusement pas de même des dollars dans son gousset! « A part quelques natures d'élite capables d'apprécier le grand art, dit Vieuxtemps dans son autobiographie, je ne pus charmer et enthousiasmer les Yankees qu'avec leur thème national: *Yankee-Doodle*, grâce auquel je devins promptement populaire et plantai jalon, bon gré mal gré, en ouvrant le chemin pour d'autres. A cette époque, ajoute-t-il, les habitants des Etats-Unis d'Amérique n'étaient pas encore atteints de musicomanie comme de nos jours. »

Cette petite composition intitulée *Yankee-Doodle*, dont parle Vieuxtemps, eut un succès européen et servit pendant longtemps de *feu d'artifice* aux programmes de tous les violonistes-virtuoses. Elle est, du reste, toute écrite de verve et d'humour, et produit un effet endiablé.

Peu soucieux de perdre le petit pécule amassé à la Nouvelle-Orléans, notre artiste reprit le chemin de cette dernière ville, où il retrouva ses admirateurs plus ardents que jamais. Nous en donnerons une preuve bien flatteuse en ajoutant que le jour de son concert d'adieux, le public en délire organisa séance tenante une souscription dont le produit considérable servit à faire frapper une médaille en or d'un module gigantesque, sur laquelle furent gravées les inscriptions suivantes: *Hommage au premier violon de son époque. — 29 mars 1844. — Les amateurs de la Nouvelle-Orléans à Henry Vieuxtemps.*

Cette médaille lui fut remise en grande pompe, quelques jours après son dernier concert.

En quittant la Nouvelle-Orléans, Vieuxtemps reprit le chemin de New-York, donnant des concerts à *Natchez, Wicksburg, Memphys, Saint-Louis, Louisville, Pittsburg, Cincinnati, Baltimore, Philadelphie, Boston ;* puis enfin il revint en Europe dans le courant de juin 1844.

Les résultats financiers de ce voyage, nous l'avons fait pressentir, furent médiocres.

Il fallait, ainsi qu'il nous l'a dit lui-même, poser des jalons pour l'avenir, initier ce public aux beautés de l'art, et Dieu sait si, sous ce rapport, il y avait à faire!...

Les fatigues et plus encore les émotions, la tension d'esprit qu'un artiste continuellement en relation avec le public doit éprouver avaient altéré sa santé ; aussi dut-il se soumettre à une cure chez le docteur Weil, à Canstadt, près Stuttgard, où il séjourna de juillet à fin août.

C'est là qu'il composa son *Concerto en la majeur,* dont les Bruxellois eurent la primeur en décembre 1844, dans un concert qui eut lieu au théâtre de la Monnaie.

Spontini, l'illustre auteur de la *Vestale* et de *Fernand Cortez,* assistait à ce concert et se fit remarquer par l'enthousiasme avec lequel il applaudit notre célèbre compatriote.

Ce *Concerto en la,* sans avoir les visées esthétiques du *Concerto en mi,* n'en est pas moins une œuvre remarquable, tant sous le rapport de la beauté des thèmes que par la facture générale, qui est d'un maître.

Une particularité bizarre s'offre dès les premières mesures du début, où l'on retrouve le dessin mélodique et rythmique par lequel Beethoven a commencé sa colossale neuvième symphonie. Est-ce voulu? est-ce une rencontre toute fortuite? Le fait est que l'on ne peut entendre ce début du concerto sans penser immédiatement à l'œuvre immortelle du grand symphoniste.

Les autres thèmes de ce premier *allegro*, fort bien développé, ont une tendresse rêveuse du meilleur aloi et appartiennent bien en propre à leur auteur qui, comme on le sait, avait un fond assez riche pour s'abstenir des emprunts compromettants.

L'*adagio religioso* constitue à lui seul un vrai, un pur chef-d'œuvre par la grandeur de la pensée, la distinction et la hardiesse de ses harmonies. C'est une de ces pages que le temps et la mode ne peuvent atteindre, parce que le cœur les a dictées, et que le cœur ne ment pas.

L'œuvre se termine par un *rondo*, mais plus étoffé, et non moins original, comme pensée, que celui du premier concerto.

X

Création de la classe des Beaux-Arts à l'Académie Royale de Belgique.— Vieuxtemps y est admis. — Retour en Hollande. — Le roi désire entendre le nouveau concerto. — Il décore Vieuxtemps de l'ordre de la Couronne de Chêne. — Retour à Londres. — Séance de quatuors au petit hôtel de la rue Chaptal à Paris. — Son mariage. — Joséphine Eder.

ous voici arrivés en 1845. A cette époque, l'Académie de Belgique se divisait en deux classes : celle des sciences, et celle des lettres et des sciences morales et politiques.

Son organisation présentait donc une lacune regrettable en écartant de ce centre de l'intelligence les représentants des arts, qui de tout temps ont jeté un grand lustre sur l'activité intellectuelle du pays.

Il appartenait à un esprit supérieur comme celui du ministre Sylvain Van de Weyer de porter remède à cette situation, et nous trouvons, dans le remarquable rapport qu'il adressa le 19 novembre 1845 au roi Léopold 1er, la preuve de sa sollicitude pour les beaux-arts :

« L'organisation actuelle de l'Académie royale des sciences et belles-lettres de Bruxelles, y est-il dit, n'est plus en harmonie avec les progrès que la science et la littérature ont faits dans notre pays.

» Les beaux-arts, qui semblent avoir attendu notre régénération politique pour sortir avec éclat d'un long engourdissement, désirent un centre commun, où les efforts individuels de nos artistes puissent en quelque sorte converger, afin de consolider cette glorieuse école flamande qui a jeté tant de lustre sur notre patrie. » Puis, plus loin : « J'ai pensé, Sire, qu'il appartenait au Gouvernement de Votre Majesté de s'acquitter de cette tâche. J'ai étudié mûrement la question, et j'ai l'honneur de soumettre le résultat de mon examen à la haute appréciation de Votre Majesté.

» L'Académie serait désormais divisée en trois classes : celle des sciences ; celle des lettres et des sciences morales et politiques ; enfin, celle des beaux-arts. »

Les quatre premiers musiciens qui eurent l'honneur de faire partie de cette classe que l'on venait d'adjoindre à l'Académie, furent : *Charles de Bériot ; François Fétis ; Charles Hanssens* et *Henry Vieuxtemps.*

L'article 6 des statuts disait : « Pour devenir membre, il faut être Belge, d'un caractère honorable, et *auteur d'un ouvrage important relatif aux travaux de la Classe.* »

Vieuxtemps, à l'âge de 25 ans, se trouvait dans les conditions requises pour être admis dans la docte assemblée, et voici dans quels termes le ministre lui fit part de ce grand honneur :

« Monsieur,

» J'ai l'honneur de vous adresser un extrait d'un arrêté royal du 1er décembre 1845, qui vous nomme membre de la Classe des beaux-arts de l'Académie, pour la musique.

» Votre mérite et votre amour éclairé pour les beaux-arts me sont un sûr garant, Monsieur, que vous recevrez cette nomination avec plaisir et que vous contribuerez d'une manière distinguée, par vos travaux académiques, à la consolidation et au progrès de notre école moderne. »

1845

C'est muni de cette haute dignité que Vieuxtemps entreprit une nouvelle tournée en Hollande et en Angleterre.

A la Haye, le roi ayant manifesté le désir d'entendre le nouveau *Concerto en la,* un concert fut donné par ordre au théâtre de cette ville.

Les derniers accords de l'œuvre venaient de résonner harmonieusement au milieu des acclamations du public, lorsque le roi fit remettre séance tenante la décoration de la couronne de Chêne à son auteur. Il est à peine utile d'ajouter qu'à ce moment l'enthousiasme fut à son comble; les applaudissements devinrent des trépignements; les fleurs pleuvaient sur la scène au point de faire croire à un bombardement du plus odorant effet. Enfin, pour que rien ne manquât au triomphe de l'artiste, l'orchestre lui offrit une superbe couronne à laquelle était suspendue une petite feuille de papier ornée de fines enjolivures, et sur laquelle était imprimé le quatrain suivant :

> L'orchestre rend toujours hommage aux vrais talents ;
> Mais jamais au génie on n'unit tant de grâce !
> Quand son temps sera vieux on dira de Vieuxtemps :
> Il n'est rien encore qu'il n'efface !

En quittant la Hollande, notre glorieux artiste se rendit à Londres, où son talent se manifesta sous une forme nouvelle en interprétant d'une façon merveilleuse la musique de chambre.

Il contribua à la fondation de la *Beethoven-Society* de Londres, en organisant plusieurs séances de quatuor qui obtinrent le plus grand succès.

Il continua cette œuvre de propagande, lorsque plus tard il se fixa rue Chaptal à Paris, où j'eus le bonheur de l'entendre souvent en compagnie des principaux artistes français et étrangers, car tous ceux qui portaient un nom dans l'art tenaient à honneur de concourir avec lui à la diffusion de ce genre de musique, pour lequel il montrait un amour tout particulier.

De même que son émule *Joseph Joachim*, Vieuxtemps excellait dans l'interprétation de la musique de chambre. Son influence ne fut pas moins grande sur ce terrain que sur celui de l'exécution individuelle. Sa passion communicative électrisait ses partenaires ; son âme enthousiaste semblait vibrer sous l'archet de chacun des exécutants. Qu'on juge par là de ce que devaient être ces exécutions vraiment idéales et dont le souvenir n'est pas effacé de nos jours !

A propos de ces séances mémorables, *Paul de S*ᵗ*-Victor*, le critique autorisé du *Moniteur universel*, disait, en parlant de Vieuxtemps : " Le violon prend sous son archet une âme, un gosier, une poitrine humaine ; il pleure comme une femme, il rit comme une fée, il chante comme un ténor ! „

Dès la fin de 1844, un événement considérable pour Vieuxtemps s'était accompli ; il avait épousé Mˡˡᵉ *Joséphine Eder*, femme d'une haute distinction, et musicienne *di primo cartello*.

Nous avons sous les yeux des notes très étendues, écrites par Vieuxtemps lui-même sur la carrière artistique de sa femme, et nous croyons intéressant d'y puiser quelques renseignements qui nous serviront à tracer succinctement la physionomie de la digne compagne que notre artiste s'était choisie :

Joséphine Eder, née le 3 décembre 1815 à Vienne, montra dès l'âge le plus tendre une facilité étonnante à concevoir et à retenir tout ce qu'on voulait lui apprendre.

En peu de temps, elle fit des progrès remarquables en littérature, en histoire, en géographie; mais c'est surtout pour la musique qu'elle manifesta un goût et des aptitudes vraiment extraordinaires.

A l'exemple des *Liszt*, *Rubinstein* et autres prédestinés de l'art, elle débuta dès l'âge de 8 ans devant le public viennois en exécutant sur le piano les concertos de *Field*, *Hummel*, *Kalbrenner*, et ce, de façon à charmer les plus difficiles. Ses petits doigts couraient sur le clavier avec une souplesse, une rapidité vertigineuse; bref, elle fit sensation et excita la plus vive curiosité.

Son esprit scrutateur la poussait en avant, avide de savoir, dévorant les livres, travaillant sans cesse ; elle acquit au bout de quelques années les connaissances les plus étendues.

A 14 ans, parlant et écrivant l'allemand, le français, l'anglais, l'italien, elle connaissait les poètes classiques de tous les pays. Plus tard, elle s'assimila avec une rare facilité le latin et... le turc, sans négliger toutefois ses études musicales, qu'elle conduisit jusqu'à la connaissance parfaite de l'harmonie, étudiée avec ce même Sechter, qui naguère avait initié son futur mari aux mystères du contrepoint.

Admirée, applaudie, elle réalisait à 17 ans le type parfait de la femme artiste.

Sa mémoire était prodigieuse ; aussi exécutait-elle tous ses morceaux par cœur, ce qui, paraît-il, excitait la grande colère de la critique !

On se demandera de nos jours pourquoi une faculté si précieuse était considérée alors comme une audace impardonnable... *Mystère et innovation!* Le fait est que, s'il faut en croire Vieuxtemps, elle souleva des tempêtes.

Un talent aussi parfait ne pouvait se confiner dans les limites d'une capitale ; aussi, dès l'âge de 18 ans, se sentant mûre pour entreprendre une première tournée, Mlle Eder partit avec sa mère et visita successivement *Prague, Dresde, Leipzig, Berlin, Cassel, Francfort, Aix-la-Chapelle*, remonta le Rhin, s'arrêta à *Ems*, à *Wiesbaden, Heidelberg, Stuttgard*, et partout obtint comme artiste des succès étourdissants, et comme femme distinguée la sympathie et l'admiration générales.

La première rencontre des deux futurs époux se fit en 1833, à Stuttgard, où ils donnèrent plusieurs concerts ensemble.

Ils se revirent l'automne suivant à Munich et à Vienne, où le jeune Vieuxtemps obtint ses premiers vrais succès.

A la suite de revers de fortune, Mlle Eder disparut de la scène artistique en 1835, et se retira pendant plusieurs années à la campagne, vivant dans la méditation et l'étude.

Une erreur longtemps accréditée la signala comme *prima donna* au théâtre de Léopoldstadt à Vienne, ce qui, nous dit Vieuxtemps, est absolument faux.

Mlle Eder, tout en s'étant occupée de chant, n'a jamais eu ce qu'on peut appeler de la voix, et elle avait trop de tact, de jugement, se connaissait surtout trop bien elle-même pour songer un instant à aborder la scène lyrique.

Il y a eu, en effet, à cette époque, une demoiselle Eder, cantatrice, qui obtint des succès sur plusieurs scènes allemandes, mais elle n'avait aucune identité avec Mlle Joséphine Eder qui devint plus tard madame Vieuxtemps, et que nous retrouvons en 1838 à Vienne, où elle revit notre artiste grandi et mûri dans son art.

C'est de ce moment que date la naissance des sentiments de tendresse qui devaient amener l'union de ces deux âmes, si bien faites pour s'aimer et se comprendre.

Leur mariage fut célébré à Francfort en 1844, et, à partir de ce jour, Mme Vieuxtemps, rayant de la grande famille artiste le nom de Mlle Eder, abdiqua le sceptre artistique, qu'elle commençait à porter d'une main ferme et de façon à exciter l'envie, pour adopter définitivement le rôle effacé d'accompagnatrice de son mari.

Mais ce rôle, elle le remplit avec une telle distinction, une maëstria si grande, que tous ceux qui, comme moi, ont été témoins de ces duos d'amour artistique, où l'âme de l'un vibrait à l'unisson de celle de l'autre, en ressentent encore aujourd'hui les émotions inoubliables.

Les conditions dans lesquelles ce mariage fut célébré amenèrent un refroidissement dans les rapports de notre artiste avec ses concitoyens, dit M. *Jean Renier* dans une note qu'il a bien voulu me communiquer ; et voici ce qui l'avait provoqué : Un Verviétois habitant Francfort avait vu le cortège nuptial se rendre au temple des réformés

(Mlle Eder étant protestante), et il en avait conclu que le fiancé avait changé de religion.   Cette nouvelle répandue par lui à Verviers avait trouvé créance, ce qui fit que, lorsque notre artiste reparut dans sa ville natale quelque temps après, plusieurs de ses admirateurs lui montrèrent moins d'empressement que de coutume.   Néanmoins, il ne dut guère s'apercevoir de ce refroidissement, causé par une erreur, car ses enthousiastes lui préparèrent une réception très flatteuse, animée aussi par une solennité qui se déroulait en ce moment, et à laquelle les nouveaux époux prirent part avec entrain.

Ici commence pour Vieuxtemps et sa femme une longue série de voyages comprenant les Etats-Unis d'Amérique, le Mexique, la Havane, la Belgique, l'Allemagne, où l'annonce de leur arrivée valut à Vieuxtemps une lettre charmante de *Mendelssohn*, commençant ainsi : " La nouvelle de votre arrivée chez nous m'a rempli de joie, et je suis bien persuadé que tous les vrais amateurs partagent ce sentiment, vous attendent avec la plus vive impatience, et vous salueront avec l'enthousiasme que vous méritez à si juste titre ! „ puis enfin Saint-Pétersbourg, où le grand artiste fut appelé en 1846 en qualité de violon solo de la cour de S. M. l'empereur Nicolas, et de professeur au Conservatoire.

Mme Vieuxtemps, par son talent, sa haute intelligence et les qualités de son cœur, sut se créer une place distinguée à la cour et dans les salons aristocratiques, où elle conquit d'emblée les bonnes grâces des dames russes, qui l'honorèrent de leur amitié la plus affectueuse.

Elle suivit son mari dans les voyages qu'il fit annuellement pendant ses congés et c'est ainsi que nous les retrouvons en 1847 à Paris, où Vieuxtemps désirait faire entendre son *Concerto en la*.

" M. H. Vieuxtemps, qui ne s'est plus fait entendre à Paris depuis 1841, disait le *Journal des Débats*, doit donner un concert le 5 avril chez Herz.   On se rappelle avec quel succès fut accueilli son fameux *Concerto en mi* au Conservatoire et au Théâtre italien.

„ Il vient cette année avec un nouveau *concerto* qu'on dit supérieur au premier. „

XI

Départ pour Constantinople. — Réception au palais de Tschiraghan par le Sultan. — Concert à la Cour. — Il reçoit la décoration en diamants du Nichan Istihar.

N 1848, les deux époux sont à Constantinople, où ils ont l'insigne honneur d'être reçus au palais de *Tschiraghan* par le sultan.

Vieuxtemps m'a fait lui-même le récit de cette entrevue, qui emprunte au milieu où elle eut lieu un parfum d'orientalisme le plus piquant.

Le lecteur nous saura gré sans doute de le lui narrer ici :

C'était en juin 1848 : un vent de révolution soufflait sur l'Europe.

Entre tous les rois et souverains du monde, le sultan était le seul monarque qui put fumer sa pipe d'ambre en paix et promener son ennui dans les jardins de son sérail, que baignent les eaux du Bosphore mêlées à celles de la mer de Marmara.

Au lieu des majestueux bateaux de guerre transportant des soldats, on ne voyait que les gondoles rapides, les gracieux caïques de l'Orient transportant les citoyens paisibles dans les délicieuses montagnes de Péra et de Galata.

A ce moment un étranger, un Belge, vint échouer sur les bords de ce pays enchanteur. Ce Belge était un artiste qui s'inscrivit dans le registre de l'hôtel français où il descendit : " Henry Vieuxtemps, violoniste, né en Belgique ; venant de Saint-Pétersbourg par Odessa, et allant à...? peut-être Pékin ! „

Abdul-Medjid, auquel les distractions du bruit des canons russes manquaient en ce moment, était mélancolique ; il commençait même à prendre en dégoût l'arome de son moka, lorsque, ayant entendu parler par son vizir de l'arrivée du célèbre artiste franc, il désira le voir et lui *commanda* de venir à son palais.

Un matin, vers 8 heures, par une de ces matinées magnifiques si communes dans ce pays idéal, Vieuxtemps et sa femme se mirent en route pour rencontrer *Rifaat-Pacha*, ministre des affaires étrangères, qui avait reçu l'ordre de les conduire à Sa Majesté.

Quand ils mirent pied à terre, les ministres étaient occupés à de sérieuses affaires d'Etat et ne purent les recevoir immédiatement.

En attendant le bon plaisir de ces Messieurs, Vieuxtemps, qui tenait à la couleur locale, se mit à fumer, *comme un Turc*, dans une de ces pipes à long tuyau appelées chibouk, qu'un domestique s'était empressé de lui présenter, et il prit en même temps un nombre considérable de petites tasses contenant un excellent moka.

Par une faveur toute spéciale, et rarement accordée, Mme Vieuxtemps fut introduite dans le harem et présentée à la femme du Pacha, *Lady-Rifaat*, qui la reçut avec une amabilité charmante.

Elle lui adressa mille questions sur la toilette européenne, lui montra ses bijoux, ses châles, et poussa même la gracieuseté pour la compagne de l'artiste jusqu'à chanter et danser devant elle !

Ce chant, qui pouvait être très agréable aux oreilles musulmanes, remplit le cœur de Mme Vieuxtemps des plus horribles appréhensions sur la réception que la musique de son mari ne pouvait manquer d'obtenir de la part du sultan. Il était clair que si Abdul-Medjid

Offert à Madame De Salvir, Mars 1869
Du sincère souvenir de son affectionné
[signature]

Madame Henry Vieuxtemps, née Joséphine Eder.

ressentait les mêmes sensations en entendant le violon de Vieuxtemps, que celles qu'elle avait éprouvées en écoutant chanter
Mme Rifaat, il ordonnerait sûrement à ses kavass de bâtonner
le pauvre artiste !

Après cette visite du harem, Mme Vieuxtemps et son mari
furent invités à faire honneur au repas préparé pour eux, et qui
se composait de riz blanc, de riz jaune, de poissons frits à l'huile
et de côtelettes de chèvre.

Sur la table, pas de nappe, pas de serviettes, mais, malgré le
Coran, il y avait des couteaux, des fourchettes et une bouteille
de vin de Bordeaux.

Enfin, le pacha ayant terminé ses audiences, rejoignit nos artistes
et leur fit prendre place dans un magnifique caïque tout doré, qui
les mena au palais du sultan.

Il était quatre heures de relevée lorsqu'ils arrivèrent à la résidence
impériale ; mais là encore de nouvelles lenteurs se produisirent et
retardèrent le moment solennel. Un messager survint apportant
les ordres de son maître.

Sa Hautesse désirait que Vieuxtemps inspectât la musique militaire
et l'école de musique, dirigée à cette époque par Donizetti, frère
du célèbre compositeur.

Cette école comprenait une soixantaine de jeunes Turcs auxquels
on enseignait les instruments à archet, la danse, et surtout *les tours
de gobelets,* genre d'exercice pour lequel le sultan professait une
prédilection toute particulière.

Un petit concert fut donné en l'honneur de nos artistes, qui purent
se convaincre ainsi de la triste médiocrité de l'enseignement et de
l'ignorance complète du corps professoral.

Les chanteurs représentèrent un acte de *la Somnambule* de façon
à dérider les fronts les plus moroses. " On ne peut se faire une
idée, me disait Vieuxtemps, du grotesque de cette exécution ; c'était
désopilant, inénarrable ! „

En revanche, la musique militaire n'était pas sans valeur ; les instrumentistes, notablement plus forts que les chanteurs, le prouvèrent séance tenante en exécutant fort correctement, et *a prima vista*, une marche composée par Vieuxtemps, et dédiée à Sa Hautesse.

L'auteur fut acclamé par ses exécutants, et de nouvelles pipes accompagnées de petites tasses de moka furent offertes en signe de réjouissance.

Après une promenade dans les nombreuses galeries du palais, éclairées mystérieusement à cette heure par la lune (il était près de minuit), on vint enfin leur annoncer que le sultan, entouré de ses pachas et des grands de sa cour, les attendait.

Abdul-Medjid était, à l'époque de notre récit, un beau jeune homme, à l'allure altière. Ses yeux, empreints d'une fière expression, avaient une teinte de mélancolie qui inspirait à la fois le respect et le plus poétique intérêt.

Bien qu'il parlât le français, l'étiquette de la cour exigeait qu'il n'adressât la parole aux étrangers que par l'intermédiaire du *drogman*.

Après quelques mots échangés, Abdul-Medjid s'assit ; les autres personnages en firent autant, et le concert commença.

Notre artiste joua d'abord sa belle *Fantaisie-Caprice*, dont l'effet fut absolument nul. A ce moment, Mme Vieuxtemps, se rappelant la musique de Lady-Rifaat, eut des visions de kavass armés de bâtons, et implora la protection du grand Mahomet pour son mari !

Mais celui-ci avait de suite compris qu'il n'arriverait pas à émouvoir Son Altesse avec des pièces sentimentales, et son choix se porta immédiatement sur le *tremolo* de de Bériot.

Le sultan s'intéressa à cette musique, l'écouta avec la plus vive attention et, le morceau terminé, en demanda un autre ; la bataille était gagnée.

Ce fut par le duo sur *La Somnambule*, exécuté avec sa femme, que Vieuxtemps acheva de conquérir les bonnes grâces du souverain qui, oubliant l'étiquette, s'approcha vivement de l'artiste et lui dit en français combien il regrettait que ses femmes ne fussent pas en ville, pour apprécier avec lui une exécution aussi merveilleuse.

Puis, comme effrayé d'une familiarité aussi compromettante pour sa dignité, il s'adressa au drogman pour achever son speech, que celui-ci traduisit ainsi à Vieuxtemps : « O musicien franc, dans nos anciens livres on parle beaucoup et avec la plus grande vénération d'un joueur de violon, mais, après t'avoir entendu, je commence à croire qu'il ne pourrait être que ton élève. »

Après ce compliment original, le sultan se retira, suivi de sa cour.

Il était près de 3 heures du matin et, par conséquent, trop tard pour retourner à Bayakdire avec le bateau. Nos artistes, exténués, furent obligés de regagner leur hôtel à pied, escortés par la garde impériale !

« Le lendemain, ajoute Vieuxtemps, un homme m'apporta, de la part de sa Hautesse, un sac immense, qui paraissait rempli de pommes de terre. J'étais sur le point de renvoyer homme et sac, lorsque quelqu'un me fit observer que je ferais peut-être bien d'en vérifier le contenu. Qu'on juge de ma surprise lorsque je vis s'échapper de l'enveloppe grossière une véritable pluie de piastres et de fruits les plus exquis !

Mme Vieuxtemps passa plus de deux heures à compter les piastres ; il y en avait 20,000 ! Le sultan avait bien fait les choses. Cependant, il ne se crut pas quitte envers l'artiste, car deux jours plus tard il lui envoyait la décoration, en diamants, du Nichan Istihar, une des dernières données dans ce luxe oriental.

Voici la traduction du curieux diplôme qui accompagnait le bijou : « Notre ordre révéré, très haut, impérial, revêtu du chiffre honoré du monde Rhanique est tel que : notre opinion auguste est que le porteur du présent diplôme très haut et impérial, M. Henry Vieuxtemps (que sa dignité soit augmentée), est un des maîtres de l'art et de la science.

» Comme la bienveillance envers de tels artistes est une des attributions de la louable coutume de protéger les arts, un Nichan glorieux ayant été donné au susmentionné de notre part, qui réunit la dignité et la gloire. — En vertu de quoi, ce diplôme impérial a été accordé et délivré. — Fait vers le milieu du mois de Remadan de l'an de l'Hégire 1264. »

N'avions-nous pas raison de croire que ce récit intéresserait le lecteur ?

XII

Retour à St-Pétersbourg. — « Concerto en ré mineur. » — Grave maladie de sa femme. — Il abandonne sa position à St-Pétersbourg. — Richard Wagner, — Ire audition du « Concerto en ré mineur » à Paris. — Article de Berlioz. — L'œuvre est acclamée partout. — Un sosie de Vieuxtemps. — Le musicien de Darmstadt.

À son retour à Saint-Pétersbourg, notre artiste renouvela son engagement avec la cour pour trois nouvelles années, et reprit ses travaux de composition.

Plusieurs morceaux de genre parurent coup sur coup, et, bien qu'ils n'aient pas la profondeur de la pensée que l'on remarque dans les grandes œuvres du maître, il faut reconnaître cependant qu'ils ont les qualités de facture, le charme de la mélodie et la solidité de style des meilleures productions similaires.

Ce fut encore à ce moment que Vieuxtemps jeta les grandes lignes de son beau *Concerto en ré mineur*, le quatrième, je pense.

Cette œuvre ne fut terminée qu'en 1850.

La nouveauté de la forme et je ne sais quelle autre considération le firent hésiter longtemps avant de le livrer à l'appréciation du grand public. Le fait est que, ni en Pologne, ni en Autriche, où il fit un nouveau séjour dans le courant de l'année 1850, il ne se décida à le produire.

L'été suivant, il était à Paris, où il donnait une série de concerts avec un succès toujours croissant, lorsqu'une grave maladie de sa femme vint enrayer tous ses projets et le forcer à manquer aux engagements pris avec la cour de Saint-Pétersbourg, ce qui le mit dans l'obligation d'abandonner sa position dans cette ville.

Ses élèves, au nombre desquels se trouvaient le *prince Youssopoff*, *Walkoff*, *Pozanski*, etc., furent au désespoir, car tous aspiraient depuis longtemps à le voir revenir pour recevoir ses excellents conseils.

Vieuxtemps, pendant son séjour en Russie, avait, en effet, formé une quantité de disciples qui répandaient partout la renommée de leur maître.

La considération dont il jouissait dans le monde entier comme professeur, le faisait rechercher par tous ceux qui désiraient se perfectionner dans leur art. C'est ainsi que, pendant un voyage qu'il fit à Londres en 1851, *Richard Wagner*, en lui recommandant un jeune homme auquel il s'intéressait, lui écrivait une lettre dont nous croyons devoir reproduire ici les principaux passages.   On y verra en quelle haute estime Wagner tenait Vieuxtemps, et, détail piquant, en quelle situation d'esprit se trouvait le grand réformateur au lendemain des événements politiques qui avaient fait de lui un proscrit.   Voici cette lettre :

" Très cher ami,

„ Celui qui vous présente ces lignes est un jeune Polonais, pour lequel je m'intéresse particulièrement. Il a appris le violon par Helmesberger, à Vienne, et David, à Leipzig, et n'a d'autre désir que de trouver *un maître tel que vous*, pour se perfectionner dans son art, pour lequel je le juge plein de talent.   En outre, ce jeune homme, fils d'une famille bureaucrate de la Gallicie, a été impliqué dans les affaires politiques de 1848 et 1849 ; il est actuellement réfugié, et parfaitement renié et abandonné par son père, qui est bon impérialiste autrichien.

„ Si vous pouvez faire quelque chose pour aider mon protégé à ce qu'il arrive à son but, si ardemment désiré par le jeune malheureux, vous m'obligerez infiniment.

„ Quant à moi, il me va assez bien : *je suis content de ne plus traîner mon art à la suite de sots courtisans, et de pouvoir vivre pour lui sans moleste, bien dans un état modeste, mais libre.*

„ Faites-moi le plaisir de me donner de vos nouvelles, et rendez mes civilités bien empressées à Madame Vieuxtemps. Surtout, gardez-moi en bonne mémoire, et soyez persuadé des sentiments plus qu'amicaux de votre

„ tout dévoué,

„ RICHARD WAGNER. „

Zurich, 17 mai 1851.
      (Suisse.)

Au mois de décembre de cette même année 1851, Vieuxtemps, de retour à Paris, se décida enfin à faire entendre son *Concerto en ré mineur*.

La question d'argent, on le sait, a toujours été secondaire pour les artistes dans cette ville-lumière, qui donnait alors le ton au monde entier dans les choses d'art et de science. Ils y cherchaient, avant tout, des satifactions d'amour-propre.

Une œuvre consacrée par la critique de la capitale s'imposait à tous les publics ; de là cette préoccupation constante, chez les artistes, du *succès parisien*.

Il n'en est plus absolument de même de nos jours.

Hâtons-nous de le dire, cette nouvelle œuvre de notre grand musicien fut reçue avec non moins de faveur que ses aînées. Chacun proclama à l'envi les mérites du virtuose et du compositeur, et Hector Berlioz ne fut pas l'un des moins enthousiastes dans ce concert d'éloges. Ecoutons ce qu'il dit alors dans son feuilleton du *Journal des Débats* : " Le concert que Vieuxtemps a donné, il y a quelques jours, lui a valu un véritable triomphe ; on l'y a proclamé aussi remarquable compositeur que virtuose incomparable. Et cette justice lui a été rendue, non seulement par le public, mais par tous les habiles violonistes de Paris, accourus pour l'admirer, et qui l'entouraient à la fin du concert de leurs félicitations. Il y a des talents qui désarment l'envie. „

Puis dans un second article :

« Le talent de Vieuxtemps est merveilleux ; ses qualités dominantes sont la grandeur, l'aplomb, la majesté et un goût irréprochable. Il ne tente rien dont il ne soit sûr, et pourtant on a peine à croire aux prodiges de son mécanisme. Ses intonations sont d'une justesse parfaite, tant pour les sons ordinaires que pour les sons harmoniques, dont il fait un emploi fréquent et vraiment ingénieux. L'archet, dans sa main, semble embrasser la corde plutôt que la toucher seulement sur un point ; le son qu'il tire est moelleux, plein, doux, fort, savoureux, si j'ose me servir de cette expression. Et quant à sa main gauche, on la dirait armée de doigts de fer dans les traits en pizzicato, tant la corde, ainsi arrachée, vibre avec netteté et énergie.

» La jouissance qu'on éprouve à entendre ce virtuose-maître est sereine, comme celle qu'on trouve dans la contemplation de tout ce qui est beau, calme et grand.

» Comme compositeur, Vieuxtemps n'est pas moins remarquable, et les qualités que je viens de signaler dans son exécution se retrouvent dans ses œuvres. On est convenu de dire, et l'on croit en général que la musique des virtuoses n'a pas de valeur. Cela est vrai quatre-vingts fois sur cent. Mais celle de tant de gens qui se posent en compositeurs sans être virtuoses est encore bien plus rarement bonne ! » Puis, parlant du nouveau *Concerto,* il ajoute : « Cette œuvre est magistrale, neuve de forme, semée d'effets piquants et imprévus, et traitée si musicalement que la partie de violon principal s'efface souvent pour laisser la parole à l'orchestre. L'auteur, on le sent, est presque jaloux du virtuose ; et pourtant quelle brillante tâche il a conférée à celui-ci ! que de traits originaux, que de combinaisons hardies !   Ce concerto est une magnifique symphonie avec un violon principal.   Les idées en sont vivaces, nombreuses, et ne se présentent jamais qu'armées d'une instrumentation qui en rehausse l'éclat.   Vieuxtemps traite magistralement l'orchestre ; ceci est important à dire chez nous, où l'on parle tant d'instrumentation sans savoir précisément ce que c'est, et où l'on donne le nom de compositeur à des aligneurs de notes. »   Puis plus loin :   « Je ne puis analyser cette œuvre, digne pendant des concertos que Vieuxtemps a déjà produits auparavant.

» Le *scherzo* est une des plus curieuses choses que l'on puisse entendre et des plus difficiles aussi à produire jusqu'au bout sans accident, pour le virtuose qui exécute le violon principal autant que pour le chef d'orchestre.

» L'exécution, en général, m'a paru excellente, et le succès de Vieuxtemps a été réellement exceptionnel. »

Cette appréciation d'un artiste qui, par l'essence même de son esprit, avait en horreur la banalité, le convenu en matière d'art, acquiert une importance capitale et méritait d'être rapportée dans un travail qui a pour objet la glorification d'un musicien tel que Vieuxtemps.

Ce *Concerto en ré mineur,* comme son aîné en *mi,* ne tarda pas à faire son tour d'Europe et à affirmer de plus en plus la grande réputation de son auteur.

L'Allemagne, l'Angleterre, la Suisse, la Belgique l'acclamèrent tour à tour.

Il m'est impossible de passer sous silence les émotions personnelles que je ressentis le jour où Vieuxtemps vint exécuter cet admirable concerto au Théâtre Royal de Liège.   Jamais je n'oublierai la physionomie de cette salle en délire, qu'un grand artiste dominait par la force du génie.

J'étais assis à côté de mon cher et vénéré maître, *Daussoigne-Méhul,* qui, haletant, l'œil animé par le bonheur que lui faisait éprouver l'audition de cette belle et grande œuvre, m'en faisait savourer toutes les beautés. Son enthousiasme, qu'il avait peine à traduire, tant son émotion était grande, fut consigné le lendemain dans une lettre que Vieuxtemps avait conservée et qui m'a été communiquée par le fils du grand artiste ; la voici :

« Mon bon et cher Vieuxtemps,

» Bénies soient la mère qui vous a engendré et la noble femme qui vous entoure de ses soins. Je suis enivré de l'audition de votre nouveau concerto, ou plutôt de votre épopée musicale. J'ignore, du reste, si vous attachez quelque prix à mes louanges et n'emploierai pas ici les phrases boursouflées que les *jugeurs* de profession vous jettent à la face..., mais je dirai tout simplement que s'il m'était donné de choisir le titre le plus glorieux et le plus en rapport avec mon cœur, je voudrais me pouvoir dire l'ami de Vieuxtemps.

» Au revoir, adieu, mon cher Henry, pensez quelquefois à un homme qui vous a vu tout enfant, et vous aimait avant de vous admirer.

» DAUSSOIGNE-MÉHUL. »

Nous cueillons encore dans les souvenirs de la famille Vieuxtemps, ce passage d'une lettre que notre grand artiste adressait à son père pendant sa tournée en France.

Elle donnera le ton des succès qu'il obtint à cette époque avec son *Concerto en ré mineur :* « Les points culminants de l'enthousiasme, disait-il, se sont manifestés à Marseille, où une couronne en argent *vrai* m'a été offerte par le maire, et à Toulouse, où j'ai reçu de l'orchestre une médaille en or massif ! Après chaque concert dans cette dernière ville, plus de deux mille personnes me faisaient la conduite du théâtre à mon hôtel (historique) et, le jour de mon départ, tout l'orchestre, les chœurs du théâtre, etc., m'ont accompagné jusqu'à la diligence. O Toulouse ! Toulouse ! je ne t'oublierai jamais ! »

Il ne reçut cependant pas toujours le même accueil partout. C'est ainsi qu'à *Hyères*, où il débarqua après ses triomphes de Marseille et de Toulouse, les personnes qu'il visita le reçurent avec tant de froideur, tant de méfiance, qu'il en resta confondu. Que s'était-il donc passé ?... Ce fut *Belloni*, son secrétaire, qui parvint, après bien des circonlocutions, à avoir le mot de l'énigme.

L'histoire est racontée dans tous ses détails par le journal *la France musicale*, et vaut la peine d'être reproduite ici : « Depuis huit jours, dit ce journal, un Monsieur, se disant Vieuxtemps, s'était installé au premier hôtel, avait mené grande vie, promenades par mer et par terre, avait accepté un grand dîner que le club des notables avait organisé en son honneur ; il parlait beaucoup de musique, buvait davantage de champagne en invitant les membres, avides de l'entendre, de venir le lendemain déjeuner à son hôtel, où il voulait leur montrer ses instruments et jouer devant eux ; mais quand la société arriva, l'autre avait déguerpi en oubliant de payer sa note. C'était précisément la veille de l'arrivée du vrai artiste, qui, je crois, n'a jamais réussi à se réhabiliter dans l'opinion des Hyérois. » C'était donc un sosie qui, dans le but d'exploiter la situation, avait pris pour quelques jours la place du grand musicien, et lui avait joué ce méchant tour. Vieuxtemps, furieux d'abord d'avoir manqué la bonne recette qu'il eût faite sans doute, sans la concurrence déloyale de cet aventurier, finit cependant par en prendre son parti en philosophe, et en rit avec tout le monde.

Nous avons dit que le *Concerto en ré mineur* fit promptement son tour d'Europe.

Une anecdote bien touchante se rattache à la tournée triomphale qu'il fit quelques années plus tard avec cette œuvre en Allemagne.

Lors de son premier séjour à Darmstadt, en 1833, Vieuxtemps, qui avait alors 13 ans, s'amusait parfois (bien qu'il ne connût qu'imparfaitement encore la science des accords), à jeter sur le papier les idées musicales qui commençaient à germer dans sa jeune imagination. Il fut surpris un beau matin par un musicien de l'orchestre Grand-Ducal, jouant une étude de violon de sa composition. L'artiste, sous le charme de l'exécution du célèbre *bambino*, attendit prudemment à la porte la fin du morceau avant de signaler sa présence. — De qui est donc l'étude que vous jouiez à l'instant? lui demanda le brave musicien. — Mais de moi, lui repartit Vieuxtemps. — De vous? fit-il avec étonnement... Si je ne craignais de commettre une grande indiscrétion, je vous en demanderais une copie... — Vous êtes si peu indiscret, lui répondit son interlocuteur, que je vous fais cadeau de l'original.

Lorsqu'en 1856 ou 1857, Vieuxtemps fut invité à prendre part à un grand festival dans cette même ville, il avait oublié son visiteur de 1833. Il venait de répéter son admirable concerto; les artistes de l'orchestre l'entouraient et lui exprimaient leur admiration par les marques chaleureuses de leur enthousiasme; c'était à qui lui toucherait la main, lui baiserait le bout des doigts!

Au nombre des plus empressés se trouvait un vieillard qui, les larmes aux yeux, vint lui dire : Monsieur Vieuxtemps, vous rappelez-vous votre séjour à l'hôtel de *** en 1833, et la visite que vous fit alors un modeste artiste de cet orchestre? — Vous êtes *l'homme à l'étude*, s'écria Vieuxtemps!... En effet, c'était bien lui, qui venait ainsi rappeler au grand triomphateur du moment, l'époque où, encore enfant, il lui avait donné cette petite perle, bien modeste sans doute, mais que ce bon vieillard conservait comme une relique et dont pour rien au monde il n'eût voulu se séparer!

Qui ne comprendra l'émotion de Vieuxtemps? Il se mit à pleurer et tomba dans les bras de ce brave homme.

Cette petite scène avait ému tous les assistants, et pendant plusieurs jours ce fut un véritable pèlerinage à la maison du bon vieux, qui montrait avec orgueil à chacun des visiteurs le petit chef-d'œuvre de l'enfant de 13 ans!

XIII

Il est décoré par le roi de Sardaigne. — Retour à Bruxelles. — Concert
au théâtre de la Monnaie. — 2e voyage en Amérique. — Il revient à Paris où
il donne trois concerts à la salle Herz. — Nouveaux voyages en Allemagne,
en Autriche et en Russie. — Il est invité à prendre part aux fêtes organisées
à Stockholm pour le couronnement du roi Charles XIV. — Il est nommé
chevalier de l'ordre de Wasa. — 5e Concerto. — Ire exécution à Paris. —
Sonnet à Vieuxtemps. — Sonate pour piano et violoncelle. — E. Reyer. —
Il est promu au grade d'officier de l'ordre de Léopold. — Nouveau voyage
en Angleterre.

ENDANT un voyage que notre artiste fit en
1857 à Nice, il reçut la décoration du roi de
Sardaigne, puis revint à Bruxelles pour prendre
part à un grand concert organisé au théâtre
de la Monnaie à l'occasion du mariage de la
princesse Charlotte.

Peu de temps après, Vieuxtemps faisait un second voyage en
Amérique, accompagné cette fois du célèbre pianiste Thalberg.

Le grand art n'avait rien à voir dans cette tournée, entreprise par
un *barnum* dans l'unique but de battre monnaie.

On en aura la conviction lorsqu'on saura que nos pauvres grands
artistes durent jouer dans soixante-quinze concerts en moins de trois
mois !

Après ce véritable travail d'hercule, Vieuxtemps, exténué, se retira
pour quelque temps dans sa propriété de *Dreichenheim*, village

pittoresque situé entre Darmstadt et Francfort-sur-Mein (une idylle,
écrivait-il lui-même à un ami), où il aimait à se reposer pendant l'été,
des fatigues, toujours excessives des saisons hivernales.

Une surprise bien agréable l'y attendait cette fois. Un enthousiaste,
comme il en eût tant pendant sa longue et brillante carrière artistique,
lui avait adressé d'Amérique la pièce de vers suivante, qui, sous une
forme à la fois badine et emphatique, dut chatouiller singulièrement
son amour-propre ; qu'on en juge :

> Jupiter, certain jour, se sentant de l'humeur,
> Interpelle Apollon, lui dit d'un ton boudeur:
> Je commence à vieillir, nul plaisir ne me tente ;
> Je vais, pour m'amuser, devenir dilettante,
> Car de tonner toujours ce n'est point amusant;
> Je voudrais essayer d'un plus doux instrument.
> Toi donc, ô Dieu de la lumière !
> Qui parcours chaque jour l'un et l'autre hémisphère,
> Ne peux-tu découvrir, en visitant la terre,
> Quelque artiste modèle, un mérite éminent ?
> Je veux pour diriger ma musique privée,
> Un archet hors de ligne, un descendant d'Orphée . . .
> D'Amphion : . . . . à ton choix; il devra seulement
> Posséder d'*Ole Bull* l'ampleur large et savante,
> *De Bériot* la force et la grâce touchante,
> D'*Artot* les soupirs et les pleurs ;
> Un prodige, en un mot, qui subjugue les cœurs.
> Nouveau *Paganini* à la fougue entraînante.
> . . . . O père des humains ! vous êtes exigeant,
> C'est trop demander! où chercher ce talent ?
> Car la perfection sur ce globe mouvant
> Se rencontre très rarement.
> J'en jure par le Styx ! je trouverai pourtant.
>
> . . . .
> Quels suaves accords au charme électrisant
> Des terres de Colomb viennent à mon oreille ?
> Quels sont donc vers le sud ces applaudissements,
> Tous ces hurrahs sans fin, tous ces trépignements ?
> Un génie apparaît qui verse en mélodie
> Aux Caroliniens les flots de l'harmonie ;
> Tout s'émeut, tout s'agite à ses divers accens, ...
> La foule l'environne . . . . . autour de la merveille,
> Couronnes et bouquets pleuvent incessamment . . . . .
> . . . Je tiendrai mon serment, plus de soins, plus de veille ;
> O puissant Jupiter, j'ai découvert VIEUXTEMPS !!!

C'était signé : *un admirateur!* naïf, au point de vue poétique, sans doute, mais bien lyrique dans ses expansions admiratives, on en conviendra.

En 1859, Vieuxtemps est de nouveau à Paris, où il organise quatre grands concerts avec orchestre.

Le besoin de faire un peu de vraie musique se faisait d'autant plus sentir chez lui, qu'il avait encore sur la conscience le souvenir des séances antiartistiques *fabriquées* par son terrible *barnum* américain : « Nous venons de commettre soixante-quinze fois le crime de lèse-musique en Amérique avec Thalberg, disait-il plaisamment à Henri Herz, et je viens me faire absoudre par le public parisien. »

Cette absolution ne lui fut pas marchandée, s'il faut en croire le journal *la France musicale,* dont les quelques extraits suivants me sont communiqués par M. Edouard Grégoire : « Henry Vieuxtemps a donné mercredi dernier son premier concert à grand orchestre à la salle Herz. Le célèbre virtuose a produit une immense sensation. Tout le Paris artiste était là applaudissant avec enthousiasme. On a rappelé Vieuxtemps après chacun des morceaux qu'il a joués; on lui a fait une longue ovation. On ne pouvait fêter avec plus de chaleur et de cordialité cet incomparable artiste.

» Les œuvres de Vieuxtemps sont marquées, on le sait, au coin de sa puissante individualité. Son *Concerto en ré mineur* est tout bonnement un chef-d'œuvre. Tout s'y trouve, la grâce du chant, la nouveauté des effets, la largeur du style ; c'est une composition magistrale qu'il a exécutée d'une façon splendide. *La Fantaisie slave* et le *Bouquet américain,* que Vieuxtemps a fait encore entendre, sont des morceaux d'un caractère très original et peuvent être comparés à tout ce que le grand virtuose a écrit et exécuté de plus brillant et de plus charmant. On battait des mains à vous assourdir; on criait *bis!* on appelait Vieuxtemps : c'est un triomphe complet. »

Les deuxième et troisième concerts affirmèrent encore ce succès, qui prit au quatrième des proportions vraiment incroyables. « Le dernier concert donné par Vieuxtemps, disait encore *la France musicale*, a été plus brillant que les précédents. Le grand violoniste a produit dans tous les morceaux qu'il a joués un effet impossible à décrire. Compter le nombre de fois qu'il a été rappelé serait chose impossible. Toute la salle s'est levée à plusieurs reprises, et c'était à qui applaudirait et crierait au plus fort. »

Sans perdre un seul jour, notre grand artiste reprit ses pérégrinations et visita successivement Leipzig, Dresde, Magdebourg ; puis se rendit à Vienne, où il fut appelé à jouer à la cour. Il y donna, chose à noter, plusieurs séances de quatuor qui obtinrent un succès sans précédent.

Poursuivant le cours de ses voyages, il passa par Presbourg, Prague, Berlin, puis revit la Russie.

A Saint-Pétersbourg et à Moscou, où il avait laissé tant d'admirateurs, ses nombreux concerts furent suivis *con rabia ;* les triomphes se succédèrent sans interruption ; on semblait vouloir lui faire regretter d'avoir quitté ce pays où il avait compté tant de beaux jours ! mais le monde entier le réclamait, l'oiseau-chanteur ne voulait plus de cage ; ses ailes déployées, il s'envolerait bientôt vers Stockholm, où il était invité à prendre part aux fêtes musicales organisées pour le couronnement du roi Charles XIV. Il s'y rendit par *Riga, Kœnigsberg, Stettin* et le *Danemark*, et il arriva à destination après un voyage des plus pénibles, et qui ne dura pas moins de quinze longs jours.

Sa participation à ces fêtes lui valut la croix de chevalier de l'ordre de Wasa, et le titre de membre de l'Académie.

Dans une lettre qu'il écrivit à ce moment à un ami, il se dit charmé de la Suède et du Danemark, où il rencontra toujours un public intelligent et sympathique.

Au mois de juin 1860, nous le retrouvons à Baden-Baden, où il prend part à un grand festival dirigé par Hector Berlioz.

C'est là, je pense, que, répondant à un désir qui lui avait été exprimé, Vieuxtemps commença la composition d'un cinquième concerto destiné aux concours de la classe de son ami *Hubert Léonard*, au Conservatoire royal de Bruxelles.

Cette œuvre, de proportions plus modestes que ses aînées du même genre, est aussi plus scolastique. On y sent la préoccupation constante de l'auteur d'y introduire tout ce qui constitue la technique de l'école, et en cela notre grand virtuose nous a donné une nouvelle preuve de son tact parfait.

Malgré cette bride mise à son imagination, le compositeur a su faire œuvre éminemment musicale, suffisamment symphonique, et d'une beauté captivante. Mais écoutons ce qu'en dit Léonard dans sa lettre datée du 10 avril 1861; nous ferons ainsi plus ample connaissance avec ce concerto, que Henri Wieniawski promena triomphalement dans le monde pendant les dix dernières années de sa vie :

« Mon cher Vieuxtemps,

» Hier *mardi* j'ai reçu le concerto, aujourd'hui *mercredi* matin, je reçois votre bonne lettre au moment où j'étudie le morceau. Donc, tout est bien arrivé, et je vous prie de recevoir mes bien sincères remerciements pour ce bon souvenir de confraternité et d'amitié.

» A moi maintenant de mettre les élèves à même de faire ressortir les beautés de votre œuvre. Je la leur donnerai le 1er mai, ils auront trois mois pour l'étudier, le concours n'ayant lieu qu'à la fin de juillet.

» Permettez-moi de vous dire, qu'à l'exception de *l'adagio* du troisième, celui-ci me semble être le plus beau de vos concertos. Je le trouve admirable de tous points. Le premier *tutti* indique les idées de l'œuvre entière. Vous avez traité vos quatre premières mesures en grand maître dans tout le courant du morceau. La mélodie qui revient à la dominante sous les arpèges est bien belle, et la fin du solo en *tutti* est extrêmement heureuse avec l'accompagnement des quatre mesures en question. Dans le solo suivant, le second motif mélangé avec le premier, et plus loin venant sur le trait en triolets, est extrêmement intéressant. Notre vieux Grétry doit se réjouir là-haut que sa mélodie de « Lucile » soit habillée aussi magnifiquement. Nous lui aurons prouvé tous les deux l'admiration que nous avons pour lui (1).

» La forme du concerto me paraît des plus heureuses. Il est impossible de réunir plus de beautés dans un petit cadre. Mélodies, traits, récitatifs, toutes les splendeurs du violon (du vrai violon) aux ordres de deux idées mères. Voilà pour moi la perfection du concerto. Je vais naturellement commencer par travailler votre œuvre, et tâcher d'en tirer tout ce que je pourrai. Du reste, sans vanité, je crois que je puis dire que je comprends vos œuvres. *Ne suis-je pas un peu votre fils !* quoique fils aussi âgé que son père sous le rapport des années ! »

Admirons en passant la simplicité de langage, la modestie touchante de cette lettre chez un artiste dont le nom est justement célèbre.

Vieuxtemps dédia sa nouvelle œuvre à Monseigneur le duc de Brabant.

Si j'en crois une lettre de François Fétis, datée du 25 juin 1861, notre illustre concitoyen dut venir, au mois de septembre de cette même année, exécuter son concerto (*le Grétry*, comme on l'appelait) à un grand concert organisé par l'éminent directeur du Conservatoire de Bruxelles pour fêter l'anniversaire de l'Indépendance de la Belgique.

« Très célèbre et grand artiste, disait la lettre de Fétis, M. le Ministre vient d'approuver, par sa lettre du 19 de ce mois, le programme que je lui ai proposé, et dans lequel figure un concerto de votre composition exécuté par vous. Je me réjouis, cher Monsieur Vieuxtemps, à l'idée de faire de la musique, de la grande musique avec vous ; ne doutez pas que j'y mette tous mes soins, afin de vous seconder comme il faut dans l'effet de votre belle œuvre et de votre grand talent d'exécution. »

---

(1) Léonard a écrit une fantaisie souvent entendue sous le titre de *Souvenirs de Grétry*. Vieuxtemps, dans son cinquième concerto, développe *con amore* la belle mélodie du quatuor de *Lucile*: " Où peut-on être mieux qu'au sein de sa famille. „

Fidèle à ses habitudes, Vieuxtemps s'empressa, dès l'hiver de 1862, de livrer cette composition au jugement des parisiens. Je relève dans deux journaux de la capitale : l'*Univers musical* et *les Débats*, des articles signés *Elwart* et *Hector Berlioz*, qui ne laisseront pas de doute sur la nouvelle victoire artistique remportée à cette époque par notre célèbre concitoyen. Voici l'article d'Elwart :

« Le célèbre violoniste-compositeur H. Vieuxtemps vient d'obtenir un des plus grands succès de sa vie d'artiste. Jamais, comme compositeur, il ne s'est élevé aussi haut, et, comme virtuose, il semble avoir dit son dernier mot. Que de grandeur dans le style, de nouveauté dans l'harmonie, de combinaisons ingénieuses et nouvelles dans l'instrumentation ! Le *Concerto en la mineur* à grand orchestre semble être une belle symphonie dans laquelle un premier violon, homme de génie, improvise de délicieuses arabesques.

» Après un premier morceau d'une belle ordonnance, le virtuose a fait entendre une *cadenza*, qui est une espèce de concerto de violon seul ; puis vient un sublime adagio dans lequel Vieuxtemps a su encadrer l'air populaire de Grétry : *Où peut-on être mieux qu'au sein de sa famille ?* Les différentes phases de cette belle inspiration y sont accompagnées avec un art, une nouveauté d'harmonie qui ont dû faire tressaillir l'ombre de l'immortel auteur de *Richard*. Une *coda* vive, puissante, termine avec *brio* ce concerto qui n'a rien de classique quant à la forme, mais qui, par cela même, a tous les avantages de l'ancien morceau de ce nom, tout en conservant ses jalons constitutifs. »

Voyons maintenant comment Berlioz appréciait à son tour cette nouvelle œuvre dans le *Journal des Débats :*

« Vieuxtemps, disait-il, vient d'arriver à Paris. Il s'y est fait entendre déjà deux fois avec le succès exceptionnel qui l'accompagne partout. Si Vieuxtemps n'était pas un si grand virtuose, on l'acclamerait comme un grand compositeur. Mais le public est ainsi fait, que ce sera toujours par réflexion seulement qu'on rendra pleine justice à ses œuvres. Je ferai le contraire, quoi qu'il ne faille pas un grand effort de réflexion pour reconnaître l'incomparable maëstria du violoniste, son style large et pompeux, son ardeur continue, la sûreté de ses intonations, la force et l'égalité de son archet, la variété incroyable des effets qu'il tire de son instrument, et je ferai surtout remarquer la beauté et la savante ordonnance de ses compositions. Ce sont des œuvres de maître dont le style mélodique est toujours noble et digne, où l'harmonie la plus riche est constamment mise en relief par une instrumentation ingénieuse et d'un beau coloris. Il ne se traîne pas à la suite de tous les autres musiciens qui ont écrit pour le violon, reproduisant la coupe et la forme de leurs concertos, de leurs fantaisies, de leurs airs variés; le malheur, ce me semble, n'est pas bien grand, et la nouveauté et l'imprévu dans la forme devraient attirer l'éloge bien plus que le blâme. Je ne puis entrer ici dans une étude analytique de son magnifique concerto ni de sa « polonaise » nouvelle; bornons-nous à dire que tout cela m'a paru grand et neuf, que l'ensemble en est admirablement combiné pour faire rayonner l'instrument principal, sans que sa domination devienne jamais oppressive. L'orchestre parle aussi, et parle avec une rare éloquence ; il ne fait pas entendre de vaines rumeurs populaires, et s'il est le peuple, c'est un peuple d'orateurs. — Ajoutons encore que le dernier morceau de Vieuxtemps, celui qui a fait éclater la salle entière en applaudissements, la fantaisie sur l'air national *Saint-Patrick's Day*, est une merveille *d'humour*, de verve, et que jamais l'incompressible gaîté irlandaise n'a été reproduite par la musique avec un tel bonheur. »

Ces œuvres, comme celles qui l'avaient précédées, firent pleuvoir sur la tête de notre artiste un véritable déluge de vers. Je ne veux en retenir qu'un sonnet dû à la plume aristocratique du marquis Eugène de Lonlay, le voici:

A VIEUXTEMPS.

Sonnet.

Je tiens à te fêter, toi, dont la renommée
Du vieux monde au nouveau va toujours grandissant;
Le globe entier t'a vu sur la corde animée
Promener sans effort ton archet frémissant.

Ta musique nous plaît, et sans être exhumée;
Malgré ta modestie au charme saisissant,
Ton triomphe n'est point une vaine fumée,
Mais bien une auréole au prisme éblouissant.

Après avoir sauvé l'art de son agonie,
Tu peux sans le chercher, guidé par l'harmonie,
Des sphères du talent atteindre la hauteur.

De ton jeu grandiose, admirateur sincère,
Je ne sais plus vraiment celui que je préfère
Du virtuose habile ou du compositeur.

Ce fut pendant cette période si riche de sa carrière artistique, que le Gouvernement belge lui fit parvenir à Paris, le brevet de sa promotion au grade d'officier de l'ordre de Léopold. Indépendamment du concerto dont nous venons de faire ressortir par des documents si précieux, la haute valeur, Vieuxtemps avait produit d'autres œuvres non moins remarquables, si je dois en croire les témoignages autorisés et bien flatteurs d'artistes aussi distingués qu'*Ernest Reyer* et *François Servais*.

Dans deux lettres que j'ai sous les yeux, il est question d'une sonate en *si* bémol pour piano et violoncelle entendue par E. Reyer, et au sujet de laquelle celui-ci écrivait à Vieuxtemps : « La sonate en *si* bémol me poursuit et je ne l'évite pas. J'en ai parlé avant-hier à Mme Delessert et à Mme de Nadaille, sa fille. Ces aimables personnes ont le plus grand désir de connaître l'œuvre et l'auteur. » De son côté, Servais disait : « La partie de violoncelle de ta sonate est fameuse ; les bassistes vont être à la noce ! L'*andante con moto* est *chic !* (dira Van der Heyden), et moi je le dis aussi. » Puis plus loin : « Va, mon ami, écris toujours de telles sonates pour la basse, et tu feras la barbe à Romberg. »

Je n'ai pu me procurer cette œuvre, et je le regrette d'autant plus, qu'elle m'eût probablement affermi dans cette pensée que notre compositeur n'était pas inférieur à lui-même dans le style de la musique de chambre, assurance que je n'ai pu retirer à la lecture de sa grande sonate en *ré* pour piano et violon, op. 12. En effet, dans cette sonate, à part le premier *allegro* et l'*adagio*, qui ont encore de la *robusticité*, le reste ne brille que par une facture serrée, qualité dont l'auteur a toujours fait montre dans ses moindres productions.

L'un des principaux voyages entrepris par Vieuxtemps après sa glorieuse station à Paris, fut celui qu'il fit en Angleterre. On l'y applaudit dans cinquante-trois concerts et dans plusieurs séances de quatuors.

Nous avons dit avec quelle supériorité notre grand artiste jouait la musique de chambre.

Un autre belge renommé, Hubert Léonard, n'y excellait pas moins, Vieuxtemps le savait, et comme son excellent cœur n'a jamais connu l'envie, il eut l'idée de faire partager sa gloire sur ce terrain à son digne émule, et à cet effet, lui fit faire des offres d'engagement qui malheureusement ne purent aboutir.

La lettre que Léonard adressa à ce moment à celui dont il se disait *le fils*, montre trop éloquemment ce beau côté du caractère de Vieuxtemps pour que nous résistions au plaisir d'en citer ces quelques fragments :

« Mon cher Vieuxtemps,

» En effet, il y a eu tableau ! surprise ! étonnement ! mais après avoir lu ta lettre, je n'ai plus été étonné, ni surpris; car chez toi c'est si naturel d'*être bon et obligeant*, que cela ne peut surprendre ni étonner personne. — Donc j'ai suivi à la lettre tes conseils, et j'ai attendu une réponse pour te la communiquer. Voici : M. Ella m'offre trois séances à 12 guinées chacune; et M. Chapelle deux

séances au même taux. — M. Ella me dit bien que je serai engagé à
la cour et ailleurs ! mais c'est dans les brouillards du *Mississipi !* —
Tu vois donc, mon cher Vieuxtemps, que ces guinées payeraient à
peine mes frais de vingt jours, et je t'avoue que j'aime mieux faire ici
des trios avec le père Servais et le père Kufferath *gratis pro deo*,
plutôt que d'aller avaler ma langue à Londres. Merci, mon cher
ami, pour la preuve d'amitié que tu m'as donnée, je t'en suis très
reconnaissant, etc. »

Les faits de ce genre pullulent dans la vie de Vieuxtemps ; et ce
qu'il a été constamment pour des artistes, qui par leur valeur artistique pouvaient rivaliser avec lui devant le public, il le sera plus tard
pour tous ses élèves sans exception. Il fera abnégation complète de
sa haute personnalité pour les pousser en avant, ne pensant qu'à
leur avenir, à leur gloire future. *Tout pour l'art*, telle sera sa
devise !

XIV.

Sa reconnaissance pour ses bienfaiteurs. — Madame Génin.

IEUXTEMPS avait aussi au superlatif ce que l'on a appelé *la mémoire du cœur*. Jamais il n'oublia son premier maître, Lecloux ; son adoration pour de Bériot frisait le fétichisme, et sa reconnaissance envers son Mécène, M. Génin, eut l'occasion de se manifester de la façon la plus éloquente dès l'année 1861.

A la suite de revers de fortune, cet excellent homme était mort laissant sa veuve dans une situation des plus précaires. Celle-ci avait été une seconde mère pour Vieuxtemps, qui, de son côté, lui avait voué l'affection d'un fils aimant et respectueux.

Son plus grand bonheur depuis plusieurs années était de lui consacrer le meilleur de son temps lorsqu'après ses voyages il revenait au pays. « Je sens qu'auprès d'elle, me disait-il un jour, je me retrempe le caractère ; que je reprends de nouvelles forces pour la réalisation de mes projets. » Malgré cette tendresse filiale, il ne savait comment s'y prendre pour rendre à cette excellente femme, devenue si malheureuse, une partie des bienfaits qu'il avait reçus de son mari, car le profond respect dont elle était entourée rendait difficile une offre de secours.

Dans cette occurrence, il s'adressa à Mme Prosper Grandjean, une de ses meilleures amies de Verviers, pour négocier cette affaire délicate, qui, présentée avec le tact que les femmes seules possèdent, fut agréée par Mme Génin. La lettre que l'on va lire répond à l'annonce de cette bonne nouvelle, et elle montre bien l'exquise délicatesse des sentiments filiaux du bon Vieuxtemps :

« Madame,

» Je ne puis assez vous dire combien je suis heureux que ma bonne Mme Génin, ma seconde mère, ait bien voulu agréer ce que je ne puis appeler qu'un simple et naturel tribut de reconnaissance. — C'est grâce à vous et à votre intercession sans doute qu'elle a souscrit à cette petite transaction. — Je vous en suis très reconnaissant et ne puis que vous prier de lui continuer vos bons soins. — J'espère qu'aujourd'hui la nommée *Albine* (1), comme vous l'appelez vous-même, est réinstallée chez Mme Génin; je ne serai tranquille que quand j'aurai la certitude que cette bonne dame n'est plus entièrement seule dans son logement. — A son âge, il lui faut absolument quelqu'un sous la main, à toute heure du jour et de la nuit. — Si Albine ne veut pas, il faut en avoir une autre, et si les moyens entre vos mains sont insuffisants, vous n'auriez, chère Mme Grandjean, qu'à m'avertir, comme de tout ce qui pourrait arriver ; et en cela je suis heureux d'avoir un intermédiaire aussi attentif et aussi dévoué que vous, sachant surtout que vous remplirez votre mission avec zèle et exactitude (9 novembre 1861). »

A partir de ce moment, et jusqu'à la mort de la respectable Mme Génin, survenue en février 1867, Vieuxtemps lui servit une pension qui fut exactement payée tous les ans, tantôt par l'artiste lui-même, ainsi que le constatent les lettres que j'ai sous les yeux, tantôt par sa digne compagne, lorsque son mari était en voyage, car Mme Vieuxtemps avait aussi voué la plus sincère, la plus tendre amitié à

---

(1) Domestique que Mme Génin avait dû congédier faute de ressources suffisantes pour payer ses services.

cette chère et digne femme, et jusqu'au dernier jour elle s'évertua à lui prouver qu'en épousant Vieuxtemps, elle avait aussi épousé toutes les affections de son cœur.

La lettre qu'on va lire prouvera, mieux que je ne puis le dire, la nature des sentiments dont son âme était pénétrée. Elle est datée du 24 janvier 1867 :

« J'ai été bien péniblement affectée, cher M. Grandjean, dit cette lettre, par la triste nouvelle que vous me donnez du déclin de la santé de cette bonne Mᵐᵉ Génin, que nous avons quittée si fraîche et bien portante il y a trois mois à peine. — J'en suis d'autant plus triste que Henry est bien loin d'ici, en Italie, quelque chose comme entre Trieste et Venise ; s'il avait été là, un de nous deux aurait certainement fait de suite le voyage de Verviers, mais nous ne pouvons guère nous absenter tous les deux ; il faut donc que nous nous en remettions entièrement à l'admirable bonté de votre chère femme pour nous remplacer auprès de celle qui fut une seconde mère pour mon mari. — Je sais parfaitement que vous ne la laisserez manquer d'aucuns soins et vous prie d'user de notre crédit et de tirer sur moi à Paris, s'il était besoin d'argent pour rendre plus doux et plus agréables ses derniers moments. »

Qulques jours plus tard, Vieuxtemps apprenait, par ses amis de Verviers, la douloureuse nouvelle de la mort de sa chère protectrice et dans une nouvelle épître son cœur s'épanchait dans les termes suivants :

« Mon cher ami,

» Je viens de recevoir coup sur coup la nouvelle de l'indisposition de Mᵐᵉ Génin et de la mort de cette bonne et sainte dame. Bien que tout nous indiquât l'approche du moment fatal, cette nouvelle m'a vivement frappé et affligé, d'autant plus qu'il m'a été impossible de remplir la promesse que je lui avais faite si souvent d'assister à ses derniers moments. — Sans doute qu'elle aura demandé après moi, qu'elle a voulu me voir, mais j'espère aussi qu'elle aura su que j'étais

en Italie, loin du pays et qu'elle ne peut m'avoir taxé d'indifférence !
— S'il y a des élus elle doit être des leurs, car dans l'opulence, elle n'a
cessé un instant de faire le bien, et dans l'adversité, elle a supporté
son malheur, son martyre de vingt-cinq ans, avec une résignation
tout angélique, sans amertume, sans reproche, sans regrets et comme
une sainte femme.   Son souvenir et celui de son digne mari seront
en moi tant que je vivrai, comme celui de mon père et de ma mère,
car autant que ces derniers, ils sont liés à toute mon existence passée,
et je dois tout leur rapporter. »

Quelle admirable simplicité dans ces lignes, et comme on y sent la
sincérité des sentiments qu'elles expriment ! — A partir de ce moment
le noble artiste n'eut plus qu'un désir, posséder les images vénérées
des êtres qui, après son père et sa mère, occupaient la meilleure place
dans son cœur ; aussi avec quelle joie, quelle reconnaissance, il
apprend que l'héritière directe de Mme Génin consent à se dessaisir de
ces portraits pour les lui offrir.

« Je viens de répondre à Mme David, dit-il à son ami Grandjean,
pour la remercier de l'abandon qu'elle fait en ma faveur des portraits
de M. et Mme Génin.   J'apprécie pleinement l'abnégation dont elle fait
preuve ; je lui en ai la plus profonde reconnaissance, mais aussi, rien
ne pouvait me faire plus de plaisir ! qu'elle le sâche bien.   Vous
aurez encore à vous occuper *comme récompense* de toutes les tracas-
series que vous avez déjà subies, à faire emballer et à m'apporter les
portraits dont vous êtes dépositaire. — Faites-les mettre dans une
caisse par un *homme entendu*, tels qu'ils sont dans leurs vieux cadres.
Je craindrais en voulant les en faire sortir qu'il ne leur arrivât
malheur. »

Si je me suis étendu, un peu longuement peut-être, sur ce côté du
caractère de Vieuxtemps, c'est que la malveillance qui s'attaque
d'ordinaire et de préférence aux cœurs bons et généreux, avait tenté
de souiller de sa bave immonde la mémoire de celui dont toute la vie
peut se résumer dans ces trois mots : *bonté, amour, reconnaissance.*

On s'expliquera, dès lors, avec quel bonheur, usant d'une corres-
pondance mise obligeamment à ma disposition par Mme Grandjean,
je me suis complu à réduire au silence les voix calomniatrices,
en établissant d'une façon péremptoire que personne, plus que
Vieuxtemps, ne pratiqua la religion du souvenir et n'eut à un plus
haut degré *la mémoire du cœur*.

XV

Tournée en Allemagne avec Ulmann et Carlotta Patti. — Ouverture avec chœur. — Ire exécution à une séance publique de la classe des Beaux-Arts de l'Académie de Belgique. — Les événements politiques le forcent à quitter sa propriété de Francfort. — Retour à Paris. — Fétis lui propose la place de professeur de violon au Conservatoire de Bruxelles. — Madame Vieuxtemps est atteinte du choléra à Paris. — Sa mort.

partir de 1864, Mme Vieuxtemps avait renoncé à suivre son mari dans ses pérégrinations artistiques, pour ne s'occuper exclusivement que de l'éducation de ses enfants, Maximilien et Julie.

Cette détermination, jugée indispensable par les deux époux, ne fut pas prise sans un serrement de cœur de la part de notre artiste qui, pendant les vingt années qui venaient de s'écouler, s'était habitué à ne s'occuper que de la partie artistique de ses tournées, laissant à sa compagne les soins multiples et désagréables de l'organisation matérielle. Aussi préféra-t-il, cette fois encore, se mettre à la solde de l'*impresario* Ulmann, qui l'engagea en même temps que la *Carlotta Patti*, pour une série de cinquante-quatre concerts.

Vieuxtemps possédait l'heureuse faculté de travailler en chemin de fer, dans une chambre d'hôtel; partout enfin, son imagination savait s'isoler, concevoir. C'est ainsi que pendant cette longue tournée, qui dura plusieurs mois, il put jeter les bases d'une œuvre à laquelle il attachait d'autant plus d'importance qu'elle sortait de l'ordre d'idées qui avait présidé jusqu'alors à ses travaux de composition; nous voulons parler de son *Ouverture et Hymne national belge, avec chœur*.

Dans cette œuvre, notre artiste a fait de la *musique à programme*, retraçant les différents épisodes de notre révolution pour aboutir à un hymne écrit sur des paroles du poète E. Dubois, et chantant les bienfaits de la paix.

Ce programme n'existe pas en tête de la partition, mais il l'a tracé de sa main dans une lettre adressée à son ami Prosper Grandjean, et datée du 5 décembre 1876. Nous trouvons intéressant de le reproduire ici :

« En composant ce morceau, dit Vieuxtemps, je m'étais fait un petit tableau, je te le communique : le début est assez calme, large, simple; mais il ne tarde pas à s'assombrir, à s'agiter, à se déchaîner dans un *allegro furioso*; c'est 1830, la révolution, ses angoisses, ses soulèvements. Après bien des péripéties musicales, la lumière se dégage; un appel formidable de trompettes se fait entendre : c'est Léopold Ier faisant son entrée à Bruxelles, et nous apportant la paix, l'abondance, le bonheur.

» Des accords dans les hautes régions, comme venant du ciel, nous amènent à un hymne presque religieux, entonné d'abord par quatre voix, sans accompagnement, et repris par la masse des chœurs, femmes, hommes et tout l'orchestre. *Alleluia!* Vive la liberté ! »

Dans sa pensée, l'auteur, en glorifiant le nom du chef de notre dynastie, avait caressé l'espoir que l'hymne de la fin de son œuvre pourrait peut-être remplacer dans l'avenir notre triviale brabançonne, oubliant que les chants nationaux ne se font pas sur commande, mais jaillissent d'une situation, de l'état des esprits au moment des bouleversements politiques: " J'invite tous les Belges du pays, dit-il encore dans une autre lettre, à venir entendre mon hymne. S'il leur plaît, je propose de l'attacher à jamais au nom glorieux de

Léopold Ier et de ses descendants. Sinon, il tombera dans l'oubli ; mais il me restera toujours le mérite d'avoir essayé de chanter la gloire du grand souverain que le monde admire et que tout Belge porte dans son cœur. »

C'est en effet le seul mérite qu'il sut retirer de cet ouvrage, qui ne manque pas cependant d'une certaine valeur. La facture en est serrée, mais peu en harmonie avec l'idée qui a présidé à sa conception.

Ces retours périodiques et épisodiques de longues phrases s'accommodent mal dans un genre qui a des prétentions au tableau symphonique ; il fallait plus de liberté d'allure dans le plan général ; peut-être moins de correction dans les lignes du dessin, mais à coup sûr plus de coloration dans la peinture orchestrale des événements que l'auteur a voulu reproduire.

L'hymne a la grandeur simple de certains chants nationaux, mais c'est plus cherché que trouvé et l'audition, malgré un déploiement considérable de moyens, vous laisse froid.

La première exécution de cette ouverture eut lieu le 20 septembre 1864 à une séance publique de la Classe des beaux-arts de l'Académie de Belgique. « Le succès en fut considérable », dit Edouard Grégoire dans son livre intitulé *Les artistes musiciens belges*.

En février 1865, elle fut de nouveau exécutée à Leipzig, sous la direction de *Ferdinand David*, qui constate, dans une lettre qu'il écrivait alors à Vieuxtemps, « que l'œuvre, malgré une fort belle exécution, n'a pas été chaudement accueillie par le public ; il est vrai, ajoute-t-il, que les chefs-d'œuvre des Mendelssohn et des Schumann ont souvent le même sort à nos concerts du Gewandhaus. »

Nous avons quitté le virtuose au moment de son voyage à travers l'Allemagne avec la Carlotta Patti, pour nous occuper plus spécialement du compositeur. Le succès colossal remporté par ces deux artistes pendant cette tournée, engagea l'*impresario* Ulmann à en entreprendre une nouvelle à travers l'Europe.

Elle commença au mois d'octobre de l'année suivante et se prolongea jusqu'au printemps de 1866.

A peine rentré à Francfort, les événements politiques forcèrent Vieuxtemps à quitter pour toujours sa chère oasis, pour aller s'établir avec sa famille à Paris, dans son petit hôtel de la rue Chaptal, devenu fameux par le relief artistique des soirées musicales qu'il y organisa pendant de longues années.

Ce fut là qu'il reçut un beau matin une lettre de son ami H. Léonard, l'informant qu'il venait de donner sa démission de professeur de violon au Conservatoire royal de Bruxelles. « J'ignore quelles sont tes vues à ce sujet, lui disait Léonard, mais je souhaite, pour la prospérité de l'école de violon belge, que tu veuilles bien venir me remplacer. »

De son côté, le savant directeur du Conservatoire, M. Fétis, lui écrivait ce qui suit :

« Mon cher virtuose,

» M. Léonard ayant donné définitivement sa démission, après en avoir parlé longtemps, je viens vous offrir la place vacante par sa retraite. Je serais heureux de compter un artiste tel que vous dans cette belle école, et la Belgique pourrait continuer d'être fière de son école de violon, que vous avez illustrée. Devenir chef de cette école ne sera pas pour vous renoncer à votre carrière militante d'artiste, car jamais les congés n'ont été refusés aux artistes célèbres qui font partie du Conservatoire de Bruxelles, chaque fois que l'occasion s'est présentée d'utiliser leur talent, soit dans le pays, soit à l'étranger. Si vous acceptez l'offre que j'ai l'honneur de vous faire, vous me trouverez toujours disposé à seconder vos projets en pareille occurrence. Je vous serais infiniment obligé si vous vouliez bien me faire connaître votre résolution dans le plus bref délai possible, afin que les élèves de la classe supérieure de violon ne soient pas privés trop longtemps d'un guide. »

Cette lettre, malgré ses termes flatteurs et les nombreux avantages qu'elle accordait, ne put décider notre artiste à renoncer à une liberté qui lui était encore si indispensable pour faire face aux nombreux engagements contractés ; aussi ne réfléchit-il pas longtemps avant de prendre une détermination, qu'il formula en ces termes :

« Monsieur le directeur,

» Votre aimable lettre du 16 octobre vient de me rejoindre ici (à Bordeaux) et je m'empresse de vous remercier de l'honneur que vous me faites en voulant me confier la classe de violon vacante au Conservatoire de Bruxelles, à la suite de la démission de M. Léonard. Malheureusement, les mêmes raisons qui m'avaient déjà empêché d'accepter votre offre honorable lors de la retraite de mon cher maître de Bériot, subsistent toujours. J'ai de nombreux engagements à remplir, et quelque libérale que soient vos propositions, eu égard aux congés, ma conscience de professeur m'empêcherait d'en profiter, *ayant charge d'âmes... de violon !* Veuillez donc, mon vénéré maître, ne pas m'en vouloir si je ne réponds pas encore à votre appel cette fois-ci, et recevez, avec l'expression de tous mes regrets, celle de ma plus parfaite considération, avec laquelle je reste, Monsieur le directeur, votre dévoué

» H. VIEUXTEMPS. »

A cette époque de notre récit, on s'en souvient, un terrible fléau sévissait un peu partout, et plus particulièrement en Belgique : nous voulons parler du choléra qui déjà, en 1859, avait fait tant de victimes, et qui reparaissait en Europe, semant partout l'épouvante. Mᵐᵉ Vieuxtemps en fut atteinte à Paris, et ne put être sauvée momentanément que grâce à sa constitution nerveuse et aux soins dont elle fut entourée. Mais le germe empoisonné du mal était en elle, et on la vit dépérir peu à peu, luttant avec énergie contre un ennemi implacable, dont la victoire finale n'était pas douteuse.

Ce fut sans doute dans le but de tromper la vigilante tendresse de son entourage qu'elle se lança plus que jamais dans le tourbillon artistique, en organisant chez elle les soirées musicales dont le tout Paris intellectuel s'occupa pendant l'hiver de 1867.

« Elle faisait les honneurs de ces réunions avec un charme, une aisance, un entrain ravissant », nous dit Vieuxtemps. « C'est ainsi, qu'entourée de sa famille, de ses amis, cherchant à s'étourdir pour oublier ses souffrances physiques, elle s'achemina insensiblement vers la tombe. »

Le 20 mai suivant, Vieuxtemps revenant d'une grande tournée en province, la trouva en apparence bien portante, heureuse surtout de revoir son mari et préparant avec lui un voyage en Angleterre, où ils étaient attendus.

Huit jours se passèrent en visites de congé, dit encore Vieuxtemps, huit jours de bonheur, les derniers, hélas! car bientôt les symptômes du choléra reparurent plus menaçants, plus intenses, et ébranlèrent complètement cette nature vigoureuse, passionnée et énergique. Ses facultés grandirent encore sur son lit de douleur, et semblèrent atteindre une élévation extraordinaire. Elle s'occupait de tout, dirigeait tout, et semblait plus en peine de son mari, de ses enfants, que de ses propres souffrances. « Un caprice de malade lui fit désirer être transportée à la Celle-Saint-Cloud, et l'on put croire un moment que le changement d'air exerçait une heureuse influence sur la maladie, mais ce n'était, hélas! que les dernières lueurs d'une lampe qui s'éteint. „

Moins de trente-six heures après son installation à cette campagne, le 19 juin 1868, elle rendait le dernier soupir dans les bras de son mari et de sa fille, qui, dès le commencement de ses souffrances, s'étaient établis à son chevet, épiant minute par minute les progrès rapides du mal, voyant arriver avec épouvante cette mort fatale, inévitable !

La veille de la catastrophe, Vieuxtemps avait dû adresser un télégramme à Londres, où, ainsi que nous l'avons dit, il était attendu avec sa femme. Ce télégramme, qui fut publié dans le *The musical Réunion matinées*, disait : « Ma femme est mourante, faites une apologie à votre public en mon nom. Tous comprendront et sympathiseront avec mon malheur irréparable. »

Oui, la douleur de Vieuxtemps fut immense, et personne ne doutera de la sincérité de ses regrets en lisant les lignes suivantes, tracées de sa main, et où son cœur s'épanche si douloureusement.

« Ainsi s'éteignit, dit-il, cette femme exceptionnelle, cette nature d'élite dont l'existence fut si active et si remplie, laissant derrière elle une famille atterrée de désespoir, des amis nombreux, des regrets profonds, sincères; car autant ses facultés intellectuelles étaient élevées, universelles, autant son cœur était bon, compatissant, dévoué. Jamais le malheureux ne s'est adressé à elle sans être aidé, consolé. Que n'a-t-elle pas fait pour les pauvres artistes, en Russie, en Allemagne, partout où le hasard l'a conduite, où il y avait une bonne œuvre à faire? Que de larmes séchées par elle, que de misères soulagées ! et toujours à l'ombre, sans bruit, avec ce tact parfait de la délicatesse la plus exquise. Son affection pour son mari, pour ses enfants, était sans bornes. C'était un dévouement absolu, de tous les instants, qui embrassait tout, prévoyait tout. Nul ne comprit comme elle ses devoirs de mère de famille et ne remplit en même temps plus intelligemment et avec plus de cœur sa mission de femme d'artiste. »

N'est-ce pas là le cri du cœur, l'accent sincèrement ému de la vérité?

XVI.

Départ pour la Norwège et le Danemark. — Retour en Belgique. — Vieuxtemps et la société de Moncrabeau. — Historique de cette société. — Nouveau voyage à Londres, ses triomphes. — Il prend part au grand festival de l'inauguration de la nouvelle gare du Midi à Bruxelles. — 3e voyage en Amérique. — Il est nommé professeur au Conservatoire de Bruxelles. — Sa sollicitude pour ses élèves ; son enseignement. — Séances de musique de chambre au Cercle Artistique. — Joseph Servais, Louis Brassin. — Il devient chef d'orchestre des Concerts populaires. — Son dernier concert à Nancy. — Sa paralysie. — Sa démission de chef d'orchestre. — Compositions nouvelles. — Ses quatuors. — Marsick joue le « Concerto en mi ». — Lettre de Vieuxtemps.

FIN de trouver un dérivatif à l'état de prostration dans lequel le plongea la mort de sa femme, Vieuxtemps dut se livrer à un travail excessif. Ses amis l'y engagèrent du reste et le décidèrent à entreprendre un nouveau voyage en Suède, en Norwège et au Danemark.

La vue de ces contrées, qu'il avait jadis visitées avec sa chère compagne, raviva souvent sa douleur, mais les succès qui accompagnèrent chacune de ses apparitions devant le public et, mieux encore, les sympathies qui l'accueillirent partout, ramenèrent insensiblement le calme dans son âme, et en adoucirent peu à peu les angoisses.

Il ne revint en Belgique que vers le mois d'octobre, et ses compatriotes fêtèrent d'autant plus chaleureusement ce retour, qu'ils savaient les terribles épreuves par lesquelles le grand artiste venait de passer.

Parmi les marques d'estime et d'admiration qui lui furent prodiguées, nous devons une mention toute spéciale à la soirée organisée en son honneur, à Namur, par la Société de *Moncrabeau*.

Sait-on encore aujourd'hui ce que sont les *Moncrabeautiens ?*

L'origine de cette célèbre société, qui remonte à près d'un demi-siècle, est généralement peu connue, et je tiens à lui consacrer quelques lignes :

C'était en 1843 ; deux Français, nés à Moncrabeau, petit village de Bourgogne, vinrent s'établir à Namur. Leur gaîté communicative, leurs saillies et les gaudrioles qu'ils chantaient avec infiniment d'esprit attirèrent l'attention et firent rechercher leur société.

Les amateurs de *joyeusetés*, et ils ont toujours été nombreux à Namur, les sacrèrent du nom de *Molons*, ce qui, en patois, signifie : spirituels, toqués.

Peu à peu les *Molons* firent des disciples, et, un beau jour, l'un d'eux proposa, le plus sérieusement du monde, de fonder un cercle qui prendrait le titre d'*Académie !* Et afin que la ressemblance avec celle des immortels français fût plus complète, on décida que le nombre des Molons ne dépasserait pas quarante !

Au début, les causeries à la diable, entrecoupées de bons et larges rires, faisaient seules les frais de leurs soirées, mais l'ambition vint bientôt les mordre au cœur. L'Académie devint littéraire et musicale ; les poètes wallons surgirent comme par enchantement, et la création d'un orchestre (et quel orchestre !) fut décidée.

Chacun des exécutants dut confectionner lui-même son instrument : une prime ayant été promise au plus original, nos *quarante* arrivèrent à composer l'assemblage comique le plus abracadabrant que l'on puisse rêver : un serpent tint lieu de trombone ; une corde sur une vessie forma le violoncelle ; un sabot se trouva transformé en violon ; enfin, pipes, souliers, cornes, conques, chimères, bouteilles, poêles à frire, couteaux, fourchettes devinrent autant d'instruments de musique ; et pour rappeler que *Moncrabeau* avait vu le jour *au fond des verres*, le tonneau fut transformé en grosse caisse !

On pouvait croire que de cet assemblage burlesque ne sortirait qu'un bruit insupportable, une véritable cacophonie ; il n'en fut rien cependant, car nos Molons étaient tous artistes autant que poètes, et leur musique charmait l'oreille et forçait les bravos. Dès le principe, il avait été décidé que le produit des fêtes organisées par nos *académiciens* servirait exclusivement au soulagement de la misère, ce qui ne contribua pas peu à leur gagner l'estime approbative de toutes les honnêtes gens. Leur chef, un vieillard aveugle du nom de *Bosret*, pianiste et compositeur, créa une série de morceaux fantastiques appropriés aux instruments, et pendant plus de vingt ans promena son orchestre dans tout le pays.

Pour compléter le tableau, disons encore que les Molons avaient un costume aussi fantaisiste que les instruments qu'ils jouaient ; rien ne peut donner une idée de leur mise en scène, lorsqu'au lever du rideau on voyait ces quarante statues, groupées sur des gradins disposés à cet effet, s'animer tout à coup au signal du chef pour faire avec un ensemble automatique le salut militaire.

C'est par ce cercle que Vieuxtemps fut reçu comme un prince de l'art, le 7 novembre 1868, obéissant à cette *injonction* du secrétaire:

« Monsieur et honoré confrère en Moncrabeau,

» Au nom de la Société, je vous invite, et au besoin je vous requiers à vouloir bien assister à un bout de soirée, qui se donnera en votre honneur, le 7 novembre, après votre concert dans notre nouveau local. Vous y trouverez, comme toujours, un franc et sympathique accueil, et les Molons agiteront tous leurs grelots pour fêter le Roi du violon. »

La soirée organisée par ces gais compères fut charmante, et la gloire du héros chantée en vers wallons pleins d'humour et d'esprit; les voici, avec une traduction littérale faite par mon ami V. R. :

Li parole à Vieuxtemps j'adresse,
C'est porli voci qu'on fait l'fiesse,
Et nos esfants fiers et contints
Qui vint chouter nos instrumints ;
Mi ji vol'dit en consciince,
Nos esfants pu s'hureux qu'on n'pinse,
D'await l'visite d'on Wallon
Riconnu li Rwoit do violon !

C'est quand y jwoe les Sourcires
Y nos fait bruire, y nos fait rires,
On pinse qu'on est aux sabats,
Qui l'diale vint fé ses entrechats !
On dirait qu'il est del Lonzées (1),
Ses coites sont essorcelées,
Y travaille avou tant d'applomb
Qui j'crois qui l'dial est d'in s'violon !

Si li pays vaireuve à vos piette
Do ciel por vos l'poite est douviette.
Et là ji vos voit all'Tossaints,
Moirné l'musique di tos les saints ;
Woirlat on n'riçoit rin d'injuste,
Et vos qu'a todi joué juste,
Tortos etchonne y vos signrons
Voss'brevet di Rwoit dès violons !

Traduction :

C'est à Henry Vieuxtemps que ce discours s'adresse,
Car c'est en son honneur que nous faisons liesse ;
Qu'il apprenne combien nous sommes tous contents
De jouer devant lui de nos gais instruments.
Moi, je vous le déclare, en toute conscience,
Nous avons plus sujet d'être heureux qu'on ne pense,
De recevoir chez nous un illustre Wallon,
Qu'on proclame partout le Roi du violon !

Quand son archet magique évoque " les Sorcières „,
Quel mélange de joie et de larmes amères !
Ne croirait-on pas voir au milieu du sabbat,
Le diable devant nous, battant un entrechat !

(1) Pays des sorcières de la province de Namur. (Légende populaire).

Nul doute qu'il a vu le jour à la Lonzées,
Et que ses cordes, là, se sont ensorcelées.
Elles ne subiraient cet étrange ascendant
Si Satan ne s'était logé dans l'instrument !

Si le pays un jour doit pleurer votre perte,
La porte, à deux battants, du ciel vous est ouverte.
Je vous vois là déjà, le jour de la Toussaint,
D'un bâton magistral régir l'orchestre saint.
Votre place est marquée en ce séjour du juste,
O vous dont l'instrument a toujours joué juste,
Et vous y recevrez, par acclamation
Des élus le brevet de Roi du violon !

Cette existence si enviable du virtuose a pourtant parfois ses lassitudes. Vieuxtemps lui-même éprouva ce besoin de repos au milieu de ses plus grands succès. J'en trouve la preuve dans une lettre qu'il écrivait alors à un ami : « Je veux me retirer comme exécutant, disait-il, et m'éloigner du public avant qu'il ne s'éloigne de moi. Je me livrerai dans l'avenir à la composition. » Ce n'était heureusement qu'un accès de découragement passager. Le public lui restait fidèle et lui réservait encore ses plus belles couronnes.

Lorsqu'en avril 1869 il reparut à Londres, les triomphes se succédèrent sans interruption pendant deux mois, et lui prouvèrent que son archet exerçait toujours la même fascination sur le public, et que le trône sur lequel sa gloire était assise était loin de s'ébranler. On en jugera mieux par quelques extraits des journaux anglais :

« Henry Vieuxtemps est l'un des plus grands violonistes du monde, disait le *Leeds Mercury*, le son et le coup d'archet sont sûrs et parfaits. Ces qualités, il les possédait déjà lorsqu'il vint ici il y a treize ans, mais à cette époque son exécution était moins inspirée ; aujourd'hui, *il a l'air plus âgé, mais il joue d'une façon plus jeune*, avec un sentiment plus profond. » Puis encore : « Vieuxtemps, l'incomparable, s'est aussi fait entendre avec la pureté de sons, l'énergie du jeu et la perfection de l'exécution pour laquelle le mot *difficulté* n'a plus de sens. »

« Ce violoniste, disait un autre journal, est le seul qui parvienne, non seulement à mettre en extase les musiciens et ceux qui savent ce que c'est de jouer du violon, mais encore à électriser les masses. Il est le maître absolu de son instrument et arrive à lui communiquer, si j'ose m'exprimer ainsi, sa noble et grande âme; âme qui parle à chaque auditeur avec la pureté et l'énergie de l'inspiration divine. »

On comprendra que tel lyrisme de la part de ses admirateurs n'était pas fait pour étancher sa soif de succès; aussi se laissa-t-il ressaisir par le public, abandonnant, pour le moment du moins, l'idée du silence auquel il avait voulu condamner son archet magique.

En juillet et août, il joue successivement à Boulogne, à Spa, à Ostende; puis, en septembre, il prend part au grand festival organisé à Bruxelles pour l'inauguration de la nouvelle gare du midi.

Son succès y fut retentissant, immense! Jamais il ne s'était montré plus parfait, plus grandiosement artiste.

C'était comme une nouvelle phase de son talent qui surgissait tout à coup; quelque chose de plus imposant, de plus royalement majestueux. Strakosch, avec ce flair artistique qui le caractérisait, devina tout de suite le parti qu'il pourrait tirer de cette situation si neuve, dans un pays comme l'Amérique, et il ne craignit pas de s'en ouvrir séance tenante à Vieuxtemps. Celui-ci hésita d'abord, et rejeta bien loin la possibilité d'une entreprise, hasardeuse en somme, et que, cette fois, son âge lui faisait envisager avec effroi. " Que faire? écrivait-il à un ami : mes enfants ont besoin de moi. D'un autre côté, ce voyage pourrait être le dernier et me mettrait peut-être à même de faire désormais de l'art pur, rompant ainsi avec le métier absurde que je fais depuis tant d'années. „

Les événements terribles de 1870, si préjudiciables à toute tentative intellectuelle, finirent par triompher de ses dernières résistances, et le décidèrent à accepter les propositions de Strakosch.

Le 3 septembre de cette année, si funeste à la France, il débarquait pour la troisième fois à New-York, et le 19 sa première séance musicale avait lieu.

Nous ne le suivrons pas à travers le continent américain où, dans l'espace de six à sept mois, il prit part à cent vingt et une séances musicales.

Il nous suffira de remarquer que l'entreprise fut non seulement fructueuse au point de vue pécuniaire, mais qu'elle lui donna aussi de suprêmes satisfactions artistiques.

Les Américains, plus initiés aux beautés de l'art que lors de ses premiers voyages, apprécièrent mieux le virtuose et surtout le compositeur. Vieuxtemps en éprouva une joie réelle, dont déborde une longue épître adressée alors à son fils.

La fièvre continue dans laquelle vit un artiste, journellement en contact avec le public, l'avait fatigué outre mesure, et Dieu sait si ce voyage n'a pas contribué à ébranler cette nature robuste... Mais n'anticipons pas sur les événements, ils ne marcheront, hélas ! que trop rapidement.

Malgré ses succès récents, malgré son vif désir de retourner à Paris, où il s'était si bien habitué aux adulations que lui prodiguaient artistes et public, il était écrit que le Conservatoire de Bruxelles aurait l'honneur de le compter au nombre de ses professeurs, et ce fut l'éminent directeur actuel de cet établissement, M. *Gevaert*, qui parvint enfin à le décider à prendre la direction supérieure de l'école du violon, illustrée jadis par les *de Bériot* et les *Léonard*.

" Tout va bien, lui disait Gevaert dans sa lettre du 28 août 1871. Les premières ouvertures ont été très bien reçues par le Ministre, et je suis très content de la tournure que prennent les choses. Je ne vous en dis pas plus long pour aujourd'hui, dans quelques jours il sera peut-être bon que nous nous voyions, je vous écrirai alors, soit à Spa, soit à Verviers. „

Tout alla si bien, que le grand artiste entrait en fonctions au mois d'octobre suivant.

Pendant deux ans, il remplit sa lourde tâche avec passion. Rien ne peut donner une idée de l'ardeur et du dévouement qu'il apporta

dans ce qu'il considérait comme une mission sacrée. Son enseignement clair, rationnel, méthodique, ne tarda pas à porter ses fruits.
Ses nombreux élèves, qui tous l'adoraient autant qu'ils l'admiraient,
subirent l'ascendant magnétique de cette nature vibrante et se
transformèrent en peu de temps.

Nous avons dit en quelle haute estime les plus grands artistes du
siècle tenaient Vieuxtemps comme professeur. Sous ce rapport
aussi, sa réputation était bien. établie, et l'on ne s'étonnera pas,
dès lors, que les principaux conservatoires aient désiré se l'attacher.

Nous avons sous les yeux une lettre de *Rubinstein*, datée de 1867,
où ce musicien célèbre, alors directeur de l'Ecole de St-Pétersbourg,
disait à son ami : " Vous êtes riche, vous avez atteint votre but
musicalement ; est-ce que vous ne vous décideriez pas à revenir ici
pour prendre les rênes de notre classe de violon ?... J'attends votre
réponse avec une impatience fiévreuse. „

Cette invitation amicale, pas plus que les propositions officielles
de Fétis, en 1866, ne purent aboutir, on s'en souvient. Il était
réservé à Gevaert de vaincre les dernières hésitations du grand
artiste, et de faire bénéficier la Belgique d'un enseignement qui
a laissé des traces ineffaçables.

Vieuxtemps avait autant souci de développer chez ses élèves le
côté purement esthétique de l'art que la technique de l'instrument.
Aucun morceau n'était exécuté avant d'avoir passé par le crible du
raisonnement. Chaque thème était analysé, disséqué, envisagé
dans ses rapports avec l'idée mère de l'œuvre, et cela, avec une
sûreté de vue, une élévation de pensée tout à fait remarquables.
L'éducation du compositeur nourri aux plus saines traditions
déteignait sur le professeur-virtuose, le tout au grand bénéfice de
ses disciples. Les résultats d'un tel enseignement, on le comprend
aisément, ne se firent pas attendre, et dès la fin de la première
année scolaire, les élèves surent prouver dans les concours publics
que de Bériot avait trouvé un digne successeur.

La présence du maître en Belgique devait être exploitée au profit de l'art, et le pays, déjà si renommé pour ses virtuoses du violon, vit, grâce à lui, en augmenter le nombre.

En effet, tous ceux qui, ayant terminé leurs études dans les conservatoires, se sentirent une flamme au cœur, accoururent à Bruxelles pour lui demander des conseils et le perfectionnement de leur talent. Ce fut le cas pour *Eugène Isaye* et tant d'autres qui, élèves libres, et à côté de l'enseignement officiel du conservatoire, n'apportèrent à l'illustre artiste qu'une satisfaction purement platonique et toute de dévouement, mais elle lui suffisait.

Une grande œuvre d'initiation devait naître de cette circonstance que le Conservatoire de Bruxelles possédait dans son corps professoral, au moment de l'arrivée de Vieuxtemps, deux artistes de haute lignée, nous voulons parler de *Louis Brassin* et de *Joseph Servais.*

A l'union de ces trois hommes justement célèbres (aujourd'hui disparus, hélas!), à cette *trinité* artistique, Bruxelles a dû, pendant deux ans, ses plus grandes, ses plus pures, ses plus intimes jouissances musicales. Qui ne se souvient encore aujourd'hui de ces séances de musique de chambre où les auditeurs se sentaient transportés dans un monde nouveau? de ces exécutions merveilleuses, idéales, résultante naturelle de trois grandes âmes se confondant dans le même amour de l'art ? Beethoven, Mozart, Schumann, comme ces trois musiciens parlèrent votre langue sublime !

Dans son livre intitulé : *Musique et Musiciens, Oscar Comettant,* se servant d'un aphorisme emprunté à *Brillat-Savarin,* dit : *On devient pianiste; on naît accompagnateur.* Il y a certes là une grande vérité que je suis tenté d'appliquer à notre artiste, car, malgré son grand savoir et son génie musical, il n'a jamais été ce que l'on appelle un véritable *chef d'orchestre.* Il en avait été de même pour Beethoven et plus tard pour Schumann, ce qui met Vieuxtemps en assez bonne compagnie pour que ma remarque ne puisse l'atteindre dans sa gloire de grand musicien.

Le fait est que si son passage à la direction de l'orchestre des Concerts populaires de Bruxelles n'a rien enlevé de son prestige, il n'a rien ajouté non plus à son auréole artistique.

Malgré le terrible labeur de ces quelques années passées à Bruxelles, l'admirable virtuose continua à se faire entendre de temps en temps dans le pays.

Paris le revit aussi tous les ans pendant les vacances, et ce fut de cette ville qu'il partit, au mois d'août 1873, pour se rendre à Nancy, où l'on organisait un concert au profit des malheureuses victimes de la guerre franco-allemande.

Il ne se doutait pas, le cher grand artiste, que là s'exhalerait son chant du cygne! Le fait m'est révélé par une lettre conservée religieusement par son fils, et sur l'enveloppe de laquelle je lis avec émotion ces quelques mots tracés par la main filiale : *Le dernier concert de papa avant sa maladie, hélas !*

Cette lettre, datée du 19 août 1873, disait :

« Je suis informé, Monsieur, que vous voulez bien venir à Nancy, avec plusieurs autres artistes éminents de Paris, donner un concert au profit des malheureux de notre ville. Je suis profondément touché du généreux sentiment qui vous inspire en cette circonstance en faveur des nombreuses misères accumulées dans notre ville par la guerre, l'occupation, et surtout par l'annexion de l'Alsace et de la Lorraine, dont un grand nombre d'habitants sont venus se réfugier à Nancy. Je m'empresse de vous adresser, en mon nom et au nom de la ville de Nancy, mes plus sincères remerciements et l'expression de toute ma reconnaissance.

» Veuillez, Monsieur, agréer l'expression de mes sentiments distingués.

» Le maire de Nancy,
» BERNARD. »

Ce fut donc par une bonne action que se termina cette carrière si brillante; ce fut après qu'il eut séché les larmes des malheureux que les siennes coulèrent.

Pouvait-il être ici-bas affliction plus poignante pour un virtuose que de se voir tout à coup réduit au silence? C'est cependant ce qui arriva quelques jours plus tard. Une attaque de paralysie tua cette main qui avait égrené des perles pendant un demi-siècle. Cet archet magique, désormais impuissant à faire vibrer les cordes de la lyre, muet comme le reste! O calamité, deuil!... être mort et cependant vivre!... c'est le supplice qui, pendant plusieurs années, va être le lot du triomphateur de la veille, de l'affligé du lendemain.

La nouvelle de ce grand malheur se répandit dans le monde entier et jeta la consternation dans tous les cœurs. Les journaux de tous les pays consacrèrent de longs articles au passé si glorieux du grand artiste, et s'affligèrent d'un présent si cruel, si inattendu.

Les poètes, qui depuis son enfance avaient couvert sa route de fleurs, reprirent leur lyre pour chanter sa détresse et pleurer sur cette main perdue, sur le navrant silence de son violon enchanteur.

Dans ce flot de poésies, je ne puiserai que quelques strophes d'un long poème, intitulé : *La main*, et un sonnet sur *le Silence de Vieuxtemps*.

Après un long préambule sur cette main *qui disposait des flots de l'harmonie*, le poète ajoute :

> Cette main qu'avec amour je chante,
> C'est celle qu'on nomma reine de nos concerts,
> C'est la déesse douce, aimée et bienfaisante
> Entr'ouvrant l'orient, poétisant les airs :
> C'est la main de Vieuxtemps, cette main éloquente
> A qui nous devons tant de chants ;
> Que frappa tout à coup l'haleine dévorante
> Qui détruit les épis et dévaste les champs !

> Toi dormir, ô main magnifique !
> Autant vaut qu'au bois poétique
> Le rossignol mélancolique
> Ait perdu son chant sans pareil,
> Et qu'au grand lever de l'aurore
> La nature qu'elle colore
> Sous ses rayons conserve encore
> Le silence de son sommeil.

Comment Dieu ne veut-il permettre
Que la main qu'il laissa se mettre
Dans ta main endormie, ô maître,
N'ait eu le don de l'éveiller,
Ainsi que celle d'une fée
Qui pour le prodige créée
Pouvait sur toute ombre levée
D'un signe la faire briller.

Comme hier, ô main généreuse,
Tu voterais ! tu bénirais !
Tu répandrais prestigieuse
Les diamants dont tu te remplirais !
Comme l'aurore charmeresse
Tu ferais répandre des pleurs
Doux comme ceux de la déesse
Qui sont le sourire des fleurs !

Mais il n'est plus de fée dans la vie,
Dieu seul se charge du bonheur,
C'est lui qui nous rendra par sa grâce infinie
La main qui tient la clef du cœur.

Hélas ! cette main qui parfois sembla vouloir se réveiller, jetant ainsi une lueur d'espérance au cœur du pauvre martyr, ne devait plus retrouver son éloquence ; c'est ce qui fit éclore le sonnet suivant :

Voilà cinq ans — Euterpe en compte les journées —
Que son puissant archet reste silencieux !
Toutes les nations se disent étonnées :
Voyage-t-il encore ? Où donc ? Et sous quels cieux ?

Quelles sont maintenant les âmes fortunées
Qui se pâment de joie à ses chants merveilleux ?
Quand nous reviendra-t-il des brillantes tournées
Où pleuvent les lauriers sur son front radieux ?

Sous des montagnes d'or l'Amérique jalouse
Le retient-elle ? Où, pour chercher sa noble épouse,
Ainsi qu'Orphée, a-t-il, bravant les éléments,

Pour l'empire des morts abandonné le nôtre ?
Non, le maître est muet, car de ce monde à l'autre
On aurait entendu les applaudissements.

Dès le début de cette terrible maladie qui enlevait au monde artiste l'une de ses gloires les plus pures, Vieuxtemps avait été transporté dans son petit hôtel de la rue Chaptal à Paris, où son gendre, le docteur *Edouard Landowski*, alors établi dans la capitale, lui prodigua les soins les plus assidus, les plus tendres.

Des sommités médicales furent appelées en consultation avec lui ; rien de ce qu'il est humainement possible d'entreprendre pour rendre à cette main si précieuse son ancienne agilité ne fut négligé. Hélas ! la science resta impuissante.

Sa fille, installée à son chevet, lui prodigua ses trésors d'affection filiale, relevant son courage, faisant luire à ses yeux l'espoir d'une guérison qu'elle savait impossible. La maladie suivit son cours normal, avec des fluctuations d'ordre sensitif plutôt que tangible. Les eaux de *Chatel-Guyon*, de *Bourbon-l'Archambault*, les fumigations, l'électricité, la gymnastique, le changement de climat, tout enfin fut tenté, sans résultat appréciable.

Le cerveau, heureusement, n'avait pas été atteint, et Vieuxtemps conserva jusqu'à son dernier souffle une lucidité intellectuelle vraiment surprenante. C'est ainsi qu'il put continuer à enseigner, à composer, à s'occuper, en un mot, de cette chère musique, devenue la consolation de ses dernières années, après l'avoir enthousiasmé et porté de triomphe en triomphe durant toute sa vie antérieure.

En décembre 1873, il donna sa démission de chef d'orchestre des Concerts populaires de Bruxelles ; il l'avait déjà offerte au mois de mai de la même année, à cause du travail excessif que lui donnait cette direction ; mais les administrateurs de la Société et les artistes de l'orchestre étaient parvenus à le faire revenir sur cette détermination. La maladie qui le frappait, en l'obligeant à des ménagements méticuleux, ne lui permettait plus de différer une retraite qui s'imposait absolument.

Les mêmes raisons de santé amenèrent Vieuxtemps à résilier, à la même époque, ses fonctions de professeur de la classe de perfectionnement de violon, au Conservatoire de Bruxelles.

Le Gouvernement n'accepta pas cette démission et il accorda à l'éminent artiste un congé illimité, dans l'espérance qu'une amélioration ultérieure dans l'état de sa santé lui permettrait de reprendre plus tard la direction de sa classe, qui fut confiée momentanément à l'un de ses plus fervents disciples, M. Alex. Cornélis.

Cet espoir sembla se réaliser à un moment donné, car la cure à Bourbon-l'Archambault lui faisait un bien extrême : « L'indépendance des doigts s'affirme tous les jours davantage, écrivait-il à sa fille ; si le mieux que j'éprouve continue, je me remettrai à faire des gammes et.... qui sait ?....» Quelle lueur dans cette âme désespérée ! Il y a dans ce « *qui sait* » tout un avenir rêvé, un retour à la lumière qui ne devait, hélas ! jamais se produire.

S'il faut en croire un journal, son amour-propre fut bien agréablement flatté le jour de l'inauguration de la saison à Bourbon. Un concert-spectacle avait été organisé et Vieuxtemps s'y était rendu, mais à peine était-il installé dans sa stalle, que tous les regards se tournaient vers lui et le désignaient à la curiosité du public. Aussi, le rideau à peine baissé sur le premier acte du *Maître de chapelle*, la salle entière acclama le pauvre grand artiste, que cette ovation émut jusqu'aux larmes.

Peu de temps après, il rentrait à Paris, plus calme, plus dispos, cédant aux pressantes sollicitations d'un de ses anciens élèves, *le prince de Chimay;* il reprit son violon et fit journellement des exercices et des gammes ! « Je n'ai qu'à me louer de votre conseil, écrit-il au prince ; tous les jours je constate un petit progrès. »

Le goût de la musique semble grandir au lieu de se calmer dans cette nature si éminemment artiste. C'est sa nourriture intellectuelle, il lui en faut coûte que coûte; aussi s'empresse-t-il de rouvrir ses salons et d'y implanter un quatuor composé de MM. *Papini*, *Marsick*, *Walfelghem* et *Jacquart.*

Le premier de ces artistes est florentin ; les deux suivants, belges, et le quatrième, français.

Le répertoire classique fait naturellement le fond de ces soirées auxquelles le grand nom de Vieuxtemps donne un relief tout particulier.

Les sommités du monde artistique et littéraire se font un devoir et un honneur d'y paraître; bref, le grand musicien se retrouve dans son élément, et, n'était son abstention forcée, il serait encore le plus heureux des hommes.

Ce quatuor cosmopolite était admirablement composé, comme nous l'apprend cette phrase cueillie dans une lettre de Vieuxtemps à propos d'une de ces séances mémorables : « Ce sont des artistes de premier ordre, disait-il, et ils ont joué mon *Quatuor en mi* d'une manière si remarquable, que j'ai fini par le croire beau. » Naïveté adorable, et bien digne d'un artiste de génie. Je ne connais pas cette œuvre qui se compose de trois quatuors, mais dans une très longue lettre que j'ai sous les yeux, *M. Lecourt*, de Marseille, en fait un éloge pompeux : « Voilà donc une œuvre complète, dit-il, tout s'y trouve. Dans ces douze morceaux, vous avez touché toutes les cordes de la lyre, depuis le calme jusqu'à l'ouragan. Nulle part le style n'a hésité ; tout est clair ; tout respire et marche bien ; les épisodes arrivent sans nuire à la pensée-mère et pour la rehausser par des jours imprévus ; chaque note est à sa place, chaque partie se développe avec liberté et sans empiètement ; et tout cela avec une distinction suprême et une sagesse qui sont l'attribut des grands maîtres. »

Il ne nous déplaît pas d'ouvrir une parenthèse à ce moment de notre récit, pour rapporter quelques fragments d'une lettre fort intéressante, adressée à Mᵐᵉ *Van Hemelryck*, d'Anvers.

Il y est question d'un concert *Pasdeloup* qui éveilla chez l'artiste des souvenirs bien doux. Qu'on en juge :

« L'orchestre était en veine de belle exécution, dit-il ; l'ouverture de *Ruy Blas*, de Mendelssohn, par laquelle s'ouvrait la séance, et la *Symphonie héroïque* de Beethoven, qui la suivait, ont été dites en perfection. Après un *adagio* de Raff s'est présenté *Marsick*, avec la rude tâche devant soi de faire entendre à cinq mille personnes le *Concerto en mi majeur* de votre serviteur dévoué. Le cœur me battait certainement plus fort qu'à lui, et par la pensée je songeais au temps où je jouais moi-même cette œuvre. De souvenir en souvenir, j'en vins à me retrouver dans les salons d'une certaine maison située rue Klapdorp à Anvers (1), au mois d'août 1840, d'où je partis pour l'exécuter au grand théâtre avec un succès que je n'ai jamais oublié... De là partit aussi comme un trait électrique ma réputation, qui se répandit non seulement dans l'Europe, mais dans l'univers entier. Eh bien, toutes ces impressions avec leurs différentes phases, je les ai revécues, éprouvées, à trente-six années d'intervalle, et en vous les décrivant, j'en ressens encore la puissance et le trouble. Il est vrai de dire aussi que c'est après ce nombre d'années que j'ai entendu pour la première fois mon œuvre exécutée selon mon cœur de virtuose et de compositeur. Beaucoup l'ont affronté, mais sans résultat. Seul, *Marsick* a osé escalader cette roche Tarpéienne de l'art musical. Son succès a été énorme. » Dans une autre lettre, Vieuxtemps dit encore : « Je tiens le jeune Marsick pour le premier violon de Paris et de *mille autres lieux*. Et dire que c'est un Belge, un Liégeois, un compatriote, un mien concitoyen! J'en suis tout fier. »

Je ne cacherai pas la satisfaction que j'éprouve à rapporter ici ces paroles qui exaltent le mérite d'un de mes anciens condisciples au Conservatoire de Liège.

(1) Chez M. Désiré Lejeune, père de M⁻ⁱ Van Hemelryck.

XVII.

ous avons dit que Vieuxtemps, malgré le mal
terrible qui l'avait atteint, pouvait continuer à
se livrer à la composition. C'était *con amore,
con furore* qu'il obéissait à ce besoin de produire qui fut, toute sa vie, sa passion dominante.

C'est ainsi que de 1874 à 1879 plusieurs
œuvres virent le jour ; quelques-unes, très
importantes, ne furent publiées qu'après sa mort.

Au nombre de celles qui furent gravées de son vivant, il nous faut
citer une série de six morceaux de genre, dédiés à Mme Van Hemelryck,
et intitulés : *Voix intimes*. « Dans cette œuvre, dit-il, je me suis
proposé de faire un genre nouveau pour la musique de violon, dans
lequel toutes les difficultés mécaniques sont évitées pour ne mettre
en lumière que la noblesse du style, l'élévation et la pureté du
sentiment. »

Il avait aussi sur le métier un *concerto* de violoncelle qu'il termina
en janvier 1876.

« Je l'ai fait essayer, dit une de ses lettres, par mon vieil ami *Van der Heyden* qui en a fait ressortir les principales parties avec beaucoup de talent, de chaleur et d'énergie. Il en est enthousiasmé et prétend qu'il aura grand succès auprès des violoncellistes. »

Le mois suivant il est à Hal, chez *Joseph Servais*, où il rencontre MM. *Gevaert*, *A. Dupont* et quelques autres artistes réunis pour entendre le fameux *concerto* de violoncelle exécuté cette fois par l'archet magistral de Joseph Servais.

C'est avec une joie d'enfant qu'il raconte à un ami les péripéties de cette journée « qui comptera dans les meilleures de sa vie. Joseph a été superbe, dit-il ; il a joué comme un ange ! Le *concerto* a fait son effet sur les artistes présents, et surtout sur Gevaert, qui m'a demandé si je pourrais être prêt avec l'orchestration pour le milieu de mars, ce qui lui permettrait de le faire exécuter au grand concert d'inauguration officielle des nouveaux locaux du Conservatoire, qui aura lieu à cette époque. J'ai dit *oui*, naturellement. »

Ainsi qu'il s'y était engagé bien imprudemment, il fut prêt pour l'époque fixée ; c'est ce que j'ai pu constater par une lettre datée du 30 mars, où je lis : « J'ai terminé l'orchestration de mon *concerto* de violoncelle ; chose à remarquer, ce travail ne m'a pas fatigué du tout ; cependant j'y ai mis toute mon âme ! »

Le violoncelliste *Hollmann* s'était aussi emparé de cette œuvre qu'il travaillait *con rabbia* pendant ses vacances à Maestricht, sa ville natale. De retour à Paris, il s'empressa d'aller demander les conseils de Vieuxtemps sur l'interprétation de son œuvre, et je tiens à consigner ici le parallèle que le grand virtuose établit entre ses deux interprètes : « Hollmann, dit-il, est le violoncelliste hollandais, au son puissant, à l'archet d'acier. Il joue superbement mon *concerto*, avec un son vigoureux, d'une force incroyable, mais avec moins de charme que Servais. Ce dernier est plus fin, plus élevé, plus délicat, plus distingué dans son expression et dans la modulation des timbres. Mais l'autre est jeune, ardent, travailleur, enthousiaste de son art et de son instrument, et avec quelques bons coups de *trique*, je ferai de ce taureau un superbe jouteur, avec lequel il sera dangereux de se mesurer. » L'avenir a donné raison à Vieuxtemps : Hollmann est aujourd'hui un terrible jouteur, ayant sa physionomie bien caractérisée, sa note à lui. Qui niera l'influence qu'un artiste comme Vieuxtemps a dû exercer sur le développement de ce talent si viril ?... Je me rappelle avoir assisté, en 1876, à un concert *gala* à Amsterdam, où, sous la direction de l'auteur, Hollmann exécuta ce *concerto* de violoncelle avec un succès complet.

J'étais là avec *Ferdinand Hiller, Ernest Reyer, Verrulst* et d'autres artistes célèbres, qui tous applaudirent avec moi l'œuvre et son exécution absolument remarquable.

Le 28 février 1876 est une date à retenir, car ce jour-là Vieuxtemps avait organisé chez lui, rue Chaptal, à Paris, une grande soirée en l'honneur de son ami *Antoine Rubinstein. Papini, Samie, Adolphe Fischer* (le violoncelliste belge) et Mlle *Battu* s'y partagèrent les bravos d'un auditoire d'élite, composé de plus de 150 personnes.

Rubinstein s'y prodigua et, comme toujours, enthousiasma son public par son exécution géniale.

Il est curieux de lire, dans une lettre adressée à l'un de ses amis d'Anvers, l'hommage chaleureux et sincère que Vieuxtemps rendit à cette occasion à son émule en gloire et en talent. Le voici tel que je le trouve reproduit dans les éphémérides du *Guide Musical*, ce trésor de renseignements dus à la plume experte et élégante de M. *Félix Delhasse* :

« Rubinstein traite le piano comme jamais on ne l'a rêvé : sous ses doigts l'instrument se transforme, c'est idéal, c'est merveilleux, enchanteur ; il vous transporte dans un monde nouveau, inconnu, où touches, marteaux, mécanique disparaissent, vous laissant subjugué ! C'est la musique, c'est l'harmonie même, c'est l'art et l'inspiration dans leur expression la plus magnifique, dans leur acception la plus élevée. C'est admirable et je suis encore sous l'impression de ce fleuve harmonique, de cette musique céleste, de ce scintillement d'étoiles, de ce roulement de tonnerre si saisissant, car tout cela se trouve dans la sonate en *fa mineur* de Beethoven, op. 57, qu'il nous a fait entendre et à laquelle il a imprimé un caractère tel que le titan ne l'a jamais soupçonné. Ce talent laisse une impression de grandeur, de noblesse et de force dont je ne puis vous donner qu'une faible idée : j'en suis tout remué, hors de moi ! »

Que tout cela est bien dit, et comme ces quelques lignes caractérisent bien le talent du célèbre pianiste auquel on ne pourrait, en effet, sans le diminuer, appliquer l'épithète de *virtuose ! Rubinstein* et *Joachim* sont, de nos jours, les seuls instrumentistes capables de produire cette impression sur le public. Avec eux ce n'est plus le piano, ce n'est plus le violon que l'auditeur perçoit, c'est l'*art* dans son expression la plus élevée.

Invité par le roi de Hollande à passer quelques jours au château du Loo, Vieuxtemps quitta Paris le 22 mai pour se rendre à cette flatteuse invitation. *Liszt, Gevaert, de Hartog, Batta,* les peintres *Gérôme, Cabanel, Bouguereau,* etc., étaient en même temps que lui les hôtes de Sa Majesté Néerlandaise.

La fatigue du voyage et peut-être aussi la vie inaccoutumée à laquelle il fut forcé de s'astreindre, altérèrent sa santé déjà si délabrée, et l'obligèrent de quitter la cour pour rentrer à Paris.

Le roi, ayant appris le motif du brusque départ de son hôte, s'informa par télégramme de sa santé, et lui donna en même temps l'assurance " qu'il serait toujours le bienvenu au château du Loo. „

Cette existence fiévreuse, les voyages, la composition à laquelle il se livrait toujours avec la même passion, ne pouvaient que compromettre davantage encore son état. Aussi dut-il se résigner à aller faire une nouvelle cure à Bourbon-l'Archambault, ce dont il n'eut qu'à se féliciter, mais à un point de vue général seulement, car sa main gauche ne retrouva pas son ancienne souplesse.

Ni les exercices, ni les gammes auxquels il se soumettait régulièrement n'amenèrent de résultats appréciables, ce qui le désolait et lui aigrissait de plus en plus le caractère.

Il n'y avait vraiment plus qu'une voie à prendre pour adoucir autant que possible les dernières années de ce long martyre : c'était celle des distractions. Sa famille et ses amis s'ingénièrent à lui en procurer, et arrivèrent parfois à ramener un sourire sur ses lèvres décolorées, un rayon d'espoir et de bonheur dans ce cœur ulcéré.

Dans cette tâche toute d'affection, sa fille, Mme Landowska, jouait naturellement le principal rôle. Rien ne peut donner une idée des soins tendres dont elle entourait son cher malade : sa sollicitude était sans égale, sa préoccupation constante n'avait qu'un but, prolonger l'existence de ce père adoré par la toute-puissance de son amour filial.

Lorsqu'en janvier 1877 Vieuxtemps fut appelé à Verviers pour y diriger un concert composé en grande partie de ses œuvres, il eut la joie d'apprendre, par une lettre de son ami Prosper Grandjean, qu'en descendant du chemin de fer dans sa ville natale, il aurait la satisfaction de traverser la *rue Vieuxtemps ;* le Conseil communal venait en effet de donner le nom de l'illustre artiste à l'une des grandes artères de la ville.

Cet hommage qui, en flattant son amour-propre, répandait un baume salutaire sur sa vie attristée, le décida à revenir au milieu de ses concitoyens, qui le reçurent comme un dieu.

Ce fut à cette occasion que la lettre suivante fut adressée *aux bons amis de Verviers*, par la fille de Vieuxtemps :

" Connaissant l'amitié tendre et sincère que tous deux vous lui avez vouée, amitié de laquelle il nous revient bien un peu aussi, je crois pouvoir me permettre de vous faire *confidentiellement* quelques recommandations au sujet de sa prochaine visite. Depuis le terrible malheur qui a frappé mon pauvre père en le privant de sa main gauche, depuis la grave maladie qui a failli nous le ravir, notre préoccupation constante est d'éloigner de lui, autant que possible, toute cause de désagrément ou d'irritation, car chez lui le moral est si entièrement lié à son état physique, qu'il suffit

d'une vive émotion ou d'une contrariété pour que ses nerfs, déjà si
fortement éprouvés, en soient affectés. Je compte donc sur votre
bonne amitié à tous deux pour nous remplacer auprès de lui et
écarter tout sujet d'émotion ou d'ennui. Je sais que chez vous il
sera soigné et choyé on ne peut mieux. Vous le trouverez très
bien en ce moment, et je ne doute pas que le plaisir qu'il éprouvera
en se retrouvant au milieu de ses compatriotes et amis, qu'il aime
tant, ne le maintienne dans ces bonnes dispositions. „

Quelle tendre sollicitude dans ces recommandations, et comme
on y sent à chaque ligne le cœur aimant et douloureusement affecté
d'une noble femme !

Nous avons dit que sa démission de professeur au Conservatoire
royal de musique de Bruxelles, présentée au Gouvernement en 1873,
n'avait pas été acceptée. Les améliorations qui se manifestèrent
dans son état de santé à la suite des cures qu'il fit aux eaux de
Bourbon-l'Archambault et de Châtel-Guyon lui permirent, à partir
de l'automne 1877 jusqu'au commencement de 1879, de reprendre
ses cours, mais d'une façon absolument irrégulière. Les alternatives
de bien et de mal se reproduisirent de plus en plus fréquemment,
au point que pendant les derniers mois il ne lui était plus possible
de fixer un jour ou une heure pour tenir sa classe. Enfin, malgré
son vif désir d'être encore utile à ses concitoyens, il vit, malgré son
ardent amour de l'art, l'impossibilité de supporter plus longtemps
les fatigues que lui occasionnait l'enseignement. A la suite d'une
aggravation subite de son état qui motiva son brusque départ de
Bruxelles, il donna définitivement sa démission. Elle fut acceptée
par arrêté royal du 30 juin 1879.

Son chagrin fut profond, immense. C'était comme la main
défaillante du naufragé qui, à bout de force, lâche la planche de
salut ; c'était la nuit de cette triste existence, s'obscurcissant de plus
en plus ! A quoi se rattacherait-il désormais, si, privé lui-même de
jouer de cet instrument que ses doigts faisaient parler naguère
encore avec une éloquence sublime, il lui était refusé la consolation

d'inculquer à ses chers élèves les principes du grand art qui l'avait
illustré ?... Oh ! le triste soir d'une si belle vie !

Le regret de ne plus pouvoir enseigner fut peut-être aussi vif
pour Vieuxtemps que celui que lui fit éprouver la perte de sa main
gauche. Habitué, comme il l'était, à une activité dévorante tant
matérielle qu'intellectuelle, le repos et les ménagements forcés auxquels il se voyait soumis l'exaspéraient à un point extrême, et
contribuèrent pour beaucoup à empirer sa maladie.

Depuis quelque temps déjà le gendre de Vieuxtemps avait fondé
à *Mustapha-Supérieur*, près d'Alger, une station sanitaire qui
grâce au climat exceptionnel du pays, était considérée comme une
panacée universelle. Et, de fait, les goutteux, les rhumatisés, voire
même les poitrinaires y trouvaient un soulagement.

Notre artiste y suivit sa fille et ne tarda pas à éprouver les
bienfaits de cette vie en plein air et au soleil, sous un ciel toujours
bleu. Une amélioration sensible se manifesta dans les premiers
temps et lui permit de reprendre ses travaux de composition, ses
relations avec les sommités du monde artistique, et de s'occuper
de nouveau des choses de l'art, dont la première place restait
toujours, est-il besoin de le dire, à sa chère musique.

XVIII.

Une ovation touchante. — Séances de quatuors à Mustapha-Supérieur. — Un vieil ami. — Sa vie en Algérie. — Nouvelles compositions, deuxième Concerto pour le violoncelle. — Joseph Servais. — « La Chanterelle » d'Eugène Ysaye. — Lettres de Vieuxtemps à Jeño Hubay.

ÈS son arrivée sur le sol algérien, dit M. Delhasse dans le *Guide musical* du 12 février 1885, Vieuxtemps y fut l'objet d'une ovation touchante, qu'il raconte ainsi dans son autobiographie :

" Hier, 17 février, était mon anniversaire de naissance. Je complétais ma 59e année et entrais dans ma 60e, c'est-à-dire dans la période descendante de l'existence. Des bouquets, des fleurs m'ont été offerts ; des amis, des connaissances sont venus me féliciter dans la soirée, lorsqu'à la surprise de tous un formidable accord de trompettes, de pistons, de trombones et autres instruments s'est fait entendre dans le jardin et a réveillé les échos d'alentour, au grand ébahissement des colons, des indigènes, des Arabes et des Européens. C'était la musique municipale de Mustapha qui venait m'apporter ses félicitations et me souhaiter la bienvenue dans le pays, sous forme de sérénade. Toute la localité en émoi s'était donné rendez-vous sous mes fenêtres aux premiers accords de l'orchestre. Mon incognito était donc trahi, et mon nom est peut-être en train de cheminer parmi les tribus arabes pour être transporté à travers le désert jusqu'au cœur de l'Afrique centrale ! "

Au bout de quelques mois de séjour, Vieuxtemps put donner une impulsion vraiment artistique à ce pays de peu de ressources au point de vue musical.

Il avait suffi de sa présence à Mustapha-Supérieur pour réveiller un groupe d'amateurs plus ou moins distingués. Ceux-ci vinrent immédiatement se placer sous sa direction et entreprirent avec lui l'organisation de séances de quatuors, qui bientôt purent se répéter deux fois par mois.

A ce groupe d'amateurs, au nombre desquels se trouvait l'un de mes bons amis, *M. Cartuyvels*, alors consul de Belgique à Alger et violoncelliste de mérite, vint bientôt se joindre un vieil ami de Vieuxtemps, artiste de profession celui-là, et bien connu dans le monde musical : nous voulons parler de *Van der Heyden*.

Après de nombreux succès dans les salons parisiens, Van der Heyden avait pris sa retraite à Bruxelles, où son amitié pour Vieuxtemps l'avait attiré. Le départ de son ami dicta le sien, et il alla le retrouver à Mustapha-Supérieur avec sa femme et sa fille.

Pareil dévouement se rencontre trop rarement pour ne pas être signalé.

Sa présence auprès du maître à peu près jusqu'à la mort de celui-ci, le commerce journalier de relations intimes lui ont permis de fixer mille souvenirs de son séjour à Alger, souvenirs qui m'ont été communiqués par son aimable femme, avec une bonne grâce dont je lui suis fort reconnaissant.

Voici, d'après ce que m'ont conté M. et Mme Van der Heyden, de quelle façon notre artiste employait son temps dans cet oasis africain : à peine levé, le maître, affublé d'une robe de chambre et les pieds dans des pantoufles, passait dans le salon magnifique que sa fille, Mme Landowska, avait fait aménager pour lui, et où il pouvait s'isoler complétement. C'est dans ce sanctuaire que s'élaborait ce qu'il appelait *sa cuisine musicale*. Défense à qui que ce fût d'y entrer sans son autorisation !

Un jour, un malheureux malade, amoureux de musique, et probablement désireux de voir un grand compositeur dans le feu de l'improvisation, s'était glissé furtivement dans le temple ; mais, comme Argus, Vieuxtemps veillait, et Mercure lui-même s'armant de sa flûte n'eut pu endormir sa vigilance. Il s'aperçut de la présence de l'intrus, entra dans une colère bleue et le renvoya impitoyablement. De ce jour, et dans l'intérêt de la santé de son père, si surexcité déjà par ses nerfs, Mme Landowska redoubla de précautions pour lui éviter semblable mécompte.

Le quatuor formé par le maître, et qui variait selon l'absence momentanée de l'un ou l'autre des exécutants, se composait au début de Mlle *Closset*, M. *Smetkoren*, premier et second violons, MM. *Schembré*, alto, et *Van der Heyden*, violoncelle.

Il fallait voir, aux jours fixés pour les répétitions, avec quel soin jaloux Vieuxtemps préparait les pupitres, allumait les bougies, arrangeait les musiques, et avec quelle anxiété il attendait son quatuor, qu'on allait chercher en voiture à Alger, afin que personne ne manquât au rendez-vous.

En attendant les retardataires, Van der Heyden travaillait les parties de violoncelle avec son ami. Celui-ci, cependant, fiévreux, agité, consultait à tout instant sa montre... « Ah ! combien de mon temps, disait-il, on avait plus de feu sacré ; c'était des heures entières qu'avant les séances nous répétions avec les Servais père et les autres des œuvres que nous connaissions par cœur ! Quelle tiédeur chez cette génération nouvelle qu'un ou deux quatuors suffit souvent à lasser. »

Quelquefois aussi, constatant son impuissance à communiquer aux exécutants le feu sacré qui le possédait, il entrait dans des colères terribles ; mais elles étaient passagères, et le pauvre artiste ne savait alors comment se faire pardonner ces moments d'emportement, que sa passion artistique excusait cependant si bien.

Lorsque, après avoir fait travailler les parties séparées, il arrivait à les mettre ensemble, c'était des conférences sans fin sur la valeur esthétique des œuvres exécutées, sur la manière de mettre chaque chose à sa place, de façon à faire ressortir l'idée générale des auteurs. Alors seulement se dévoilait sa grande science et son enthousiasme artistique.

Ce rude labeur durait souvent pendant sept ou huit jours avant qu'on arrêta le programme d'une soirée, à laquelle on conviait l'élite de la colonie étrangère et algérienne, qui, est-il nécessaire de le dire, briguait fort la faveur d'une invitation.

Les salons de M. et Mme Landowski étaient, pour ces soirées, éclairés *a giorno* et abondamment ornés de fleurs et des plantes les plus rares.

A ce moment, me disait Van der Heyden, notre pauvre ami ne tenait plus en place. Sa physionomie se transfigurait; il rajeunissait de vingt ans en quelques heures. Vif, presque ingambe, il préparait tout, recevait son monde avec une bienveillance charmante et une exquise galanterie.

Le quatuor ouvrait la séance, puis venaient ensuite les solistes, chanteurs ou instrumentistes, qui tous avaient préalablement travaillé avec le maître des œuvres triées sur le volet, car il se montrait fort difficile sur le choix des morceaux qui composaient les programmes de ses soirées.

Aussitôt la séance musicale terminée, la société passait dans une somptueuse salle à manger où une table abondamment pourvue de friandises l'attendait.

Les derniers invités partis, Vieuxtemps s'installait à la table avec sa famille et quelques intimes, disant : « Maintenant, nous avons bien gagné notre chocolat! »

Puis il contait quelque historiette ayant trait à son enfance, à ses pérégrinations dans les deux mondes, et le charme de sa parole retenait parfois ses auditeurs jusque bien avant dans la nuit. Ces veilles, il faut le reconnaître, n'étaient pas faites pour améliorer l'état de sa santé.

Un autre point inquiétait encore son entourage : c'était sa passion pour la composition.

En vain sa fille et son gendre avaient exigé, pour prolonger sa vie, qu'il abandonnât ses travaux : « Vois-tu, mon cher, disait-il à Van der Heyden, ils auront beau dire, ils n'obtiendront jamais cela de moi. » Et, de fait, il composa jusqu'à sa dernière heure.

En dehors de ses séances de quatuor où, selon son langage imagé, « il prenait des bains de bonne musique », il s'était consacré à l'éducation musicale du petit Henry Landowski, l'aîné des enfants de sa fille, et passait tous les jours plusieurs heures dans sa chambre à le faire travailler ; puis il assistait ensuite dans son fauteuil, sa canne entre les jambes, aux leçons de violoncelle que Van der Heyden donnait quotidiennement à son second petit-fils, Paul.

Bien souvent encore, des artistes de passage venaient lui demander ses conseils et son patronage pour l'organisation de concerts où sa haute influence... et sa bourse étaient mises à contribution.

Le plus souvent il prêtait ses salons, plaçait des billets, s'évertuait à tirer d'embarras des confrères malheureux. Sa bonté était inépuisable, et Dieu sait si l'on en a abusé !

Lorsqu'au mois de mai 1880 Van der Heyden dut partir pour Bruxelles, où l'appelaient des affaires de famille, Vieuxtemps en fut désolé. C'était la désorganisation de ses soirées musicales. « Plus de quatuors, plus de trios, lui écrivait-il un peu plus tard, mais *des gammes, force gammes !* » Il espérait donc encore rendre à sa pauvre main son élasticité d'antan ?

Il insiste ensuite pour que son vieil ami lui amène le vicomte d'Estamberg à son prochain retour. « Ce serait charmant, ajoute-t-il, si tu pouvais le décider à venir s'adjoindre à nous. Nos études de quatuors y gagneraient une importance notable, car je ne compte plus guère sur nos anciens compagnons, plus ou moins grincheux ; avec lui, au contraire, quel nouvel élan ! »

Au 5 juillet de la même année, le maître écrivait encore à Van der Heyden : « J'ai reçu ta lettre du 30 juin qui me donne de si bonnes nouvelles de mon second concerto de violoncelle, écrit spécialement pour *Joseph Servais*. Me voilà enfin rassuré et enchanté, puisque notre jeune ami l'exécute comme lui seul peut le faire. Je serais bien heureux de le lui entendre jouer, et j'espère que ma santé, toujours en progrès, me permettra bien un jour ou l'autre de réaliser ce rêve de tant d'années ! „

Cet espoir, hélas ! fut déçu, comme tant d'autres du reste.

Lorsqu'au mois d'août suivant il fut question de l'organisation de grandes fêtes à Liège, à l'occasion du cinquantenaire de notre indépendance, Vieuxtemps m'écrivit une longue lettre dont je détache les quelques paragraphes suivants :

« Je profite de la circonstance pour te dire mes regrets de ne pouvoir assister en personne à nos fêtes nationales, moi, contemporain et produit de 1830 ! Ce m'est un grand chagrin, mais ma santé ne me permet plus pareil déplacement, je n'y résisterais pas. J'ai lu dans quelques journaux que Liège, en vue d'éviter l'encombrement, avait décidé de ne célébrer le cinquantenaire de la Belgique que l'année prochaine, et qu'un grand festival musical serait organisé à cette occasion. Vous avez de beaux résultats à mettre en lumière, à choisir parmi les jeunes générations formées et instruites à votre école. Je citerai en toute première ligne *Ysaye*, qu'on n'éloignera pas j'espère en cette circonstance exceptionnelle. C'est un artiste éminent, distingué, que nous connaissons, apprécions et plaçons très haut, pour ma part du moins. Si donc, comme j'aime à le supposer, il était appelé à coopérer au concert d'artistes belges qui aura lieu nécessairement pendant le festival liégeois, je ne serais pas éloigné de mettre à la disposition du comité-directeur, incarné en ta personne, un *Concerto* nouveau pour le violon, auquel je mets la dernière main en ce moment, écrit comme pour lui, et qu'il exécuterait, j'en suis certain, avec l'entrain, la maëstria, l'originalité que tu lui connais, qu'on ne peut lui contester, et qui, joints à ses qualités de son et de prestesse d'archet, en font une des personnalités remarquables du jour. Au fond, ajoutait-il, je travaille à deux *Concertos* de violon : un en *sol* (le 6ᵐᵉ), et un dernier en *la mineur* (le 7ᵐᵉ). Tous deux sont de facture peu ordinaire, je crois, et tenus sévèrement dans l'école autant que possible, tout en n'excluant ni le brillant, ni l'effet si recherché par le virtuose. Je viens aussi de terminer un *Concerto* de violoncelle pour *Servais*, que je tiens pour réussi ; c'est aussi l'avis de mon frère *Lucien*, qui le lui a accompagné, et s'y connaît. »

Il s'agit du 2ᵉ concerto, fort vanté par Van der Heyden dans sa lettre du 30 juin.

Il avait été question, en effet, de l'organisation à Liège d'un grand festival de musique, à l'occasion de nos fêtes nationales, et j'avais même soumis un programme complet à l'Administration communale, dans lequel figurait le nouveau Concerto du maître, exécuté par Eugène Ysaye.

Je lui avais écrit à ce sujet, lui proposant de dédier son œuvre à la ville de Liège ; mais sa modestie s'émut à cette idée, et il m'écrivait le 20 septembre 1880 : "Naturellement, ta proposition m'enchante, mais *n'est-ce pas bien prétentieux, bien orgueilleux ?* Il est vrai que c'est à Liège, où j'ai joué pour la première fois en sortant de Verviers, et où l'on a fait attention au moutard de 7 ans ; où l'on m'en a donné une preuve palpable en me décernant un archet de Tourte, qui a été le compagnon de toute ma vie. Tout cela est vrai, mais toute une ville ne joue pas du violon, et les détails que je te donne ne peuvent être connus de tout le monde. Enfin, je ne demande pas mieux et laisse cela à la décision de gens moins intéressés que moi. „ Il me disait encore en terminant sa lettre : "Ma santé est plus que satisfaisante depuis ta dernière missive, elle est même en amélioration. Il n'y a que mes jambes qui me donnent l'apparence *dò vi potins' du 80 ans !* (1) Malgré cela, la tête est bonne et *toute imagination.* „

---

(1) Intraduisible en français.

On le voit, le pauvre grand homme ne croyait avoir rien perdu de ses facultés créatrices, et j'en trouve la preuve dans cette phrase de sa lettre du 15 octobre suivant : « Mes 6ᵉ et 7ᵉ concertos, me disait-il, dominent tous les autres par leur conception, leur style et école. » Pure illusion d'un cerveau affaibli par la maladie, car ces deux œuvres sont loin de valoir celles de sa première jeunesse où s'étalait si vigoureusement sa nature prime-sautière. A peine découvre-t-on dans le 7ᵉ une lueur du grand style qui a inspiré le *Concerto en mi*, et le 5ᵉ *Concerto en la* (*Le Grétry*).

Après m'avoir énuméré les très nombreuses compositions tombées de sa plume depuis son arrivée à Alger, il ajoutait : « Malheureusement je n'ai personne pour me faire entendre tout cela, en juger en dernier ressort, couper ou changer. Il me faudrait quelqu'un, et ce quelqu'un c'est *Ysaye*, qui ferait bien de venir passer l'hiver ici, où je lui stylerais mes nouvelles choses. *J'entends toujours sa chanterelle, et je voudrais la réentendre encore !* Découvre-le moi, et qu'il arrive le plus tôt possible. »

Je ne pus, hélas ! lui donner cette satisfaction. Ysaye, à l'époque où je reçus cette lettre, faisait ample moisson de lauriers sur le théâtre même des grands exploits de Vieuxtemps, à Saint-Pétersbourg.

Ce fut un autre violoniste, *M. Jeño Hubay*, qui, se rendant aux sollicitations réitérées de Vieuxtemps, alla passer deux mois à Alger, où il eut l'insigne honneur de recevoir les dernières leçons du maître.

Je trouve dans un journal parisien, *la Renaissance musicale*, (nº du 25 septembre 1881), une série de lettres de Vieuxtemps, communiquées à ce journal par M. Hubay, et dont quelques extraits intéresseront sans doute le lecteur :

« Mon cher Hubay (lettre du 4 février 1881),

« Je vous remercie de votre dernière lettre et je viens vous féliciter de vos succès chez *Pasdeloup*, *Colonne* et en Belgique. Je les ai appris avec bonheur par les journaux français et belges, ces derniers m'ayant été communiqués par le consul belge d'Alger, qui les reçoit de Liège, où vous avez eu un succès d'autant plus mérité et flatteur que cette ville est le berceau des violonistes les plus recommandables. Cette lettre n'a pas seulement pour but de vous féliciter, mais aussi de vous demander si vous ne pourriez arranger vos affaires de manière à pouvoir vous rendre à Alger au commencement d'avril. »

« Lorsque j'arrivai là-bas, nous apprend M. Jeño Hubay, je trouvai deux Concertos pour violon, terminés (mais non instrumentés). Le 6e en *sol* majeur, et le 7e en *la* mineur, qui devait être le dernier (1). Ces deux Concertos je les ai étudiés, d'après les intentions du maître, pendant mon séjour à Alger. J'ai même joué le 6e, en *sol*, à la dernière soirée donnée chez Vieuxtemps. La mort si inattendue du maître est venue, hélas! tout interrompre, et beaucoup de ses ouvrages sont restés inachevés. Suivant le désir de la famille, je suis resté encore trois semaines pour mettre en ordre les manuscrits laissés par le maître. Sa famille m'apprit ainsi que Vieuxtemps avait dédié le 6e Concerto à Mme *Normand-Néruda*, et le 7e, le dernier, à moi-même. Je tiens d'autant plus au dernier Concerto de Henry Vieuxtemps, qu'il est non seulement grandiose, mais en même temps le chant du cygne de ce compositeur immortel, de mon maître adoré et de mon bienfaiteur. »

(1) Dans une lettre précédente, Vieuxtemps apprenait à M. Hubay qu'il en avait commencé un huitième en *si* mineur, dont le premier allegro était terminé.

XIX

Encore sa santé. — Alternatives d'espoir et de découragement. — Son opéra. — Sa marche funèbre. — Mme Normand-Néruda et Mlle Tayau. — Son « Guarnérius. » — Sa santé s'altère de plus en plus. — Nouvelle attaque de paralysie. — Sa mort, le 6 juin 1881.

ous avons vu que Vieuxtemps aimait à se faire illusion sur le véritable état de sa santé, et se plaisait à rassurer ses amis sur ce point. Il avait cependant des moments de désespérance où son pauvre cœur ulcéré s'ouvrait tout entier et laissait voir toutes les amertumes de sa vie.

« Ici encore, au commencement du printemps dernier, écrivait-il à la date du 18 août 1880, à un ami, on m'avait fait concevoir des espérances irréalisables. Je végète, je mange et bois bien, il est vrai, la tête est encore claire, les idées limpides, mais je sens mes forces diminuer tous les jours. Mes jambes sont d'une faiblesse extrême, mes genoux tremblants, et c'est à peine, mon ami, si je puis faire le tour du jardin, appuyé d'un côté sur un bras solide, et de l'autre sur mon gourdin. »

Ces alternatives d'espoir et de découragement sont vraiment curieuses à constater et se succéderont sans cesse jusqu'au jour fatal qui mettra un terme à ses souffrances. C'est ainsi que, dans une lettre écrite deux mois plus tard, il disait :

« Je ne veux pas cependant tarder à vous dire que mon long silence n'est nullement motivé par le vôtre, mais occasionné par une recrudescence d'imagination et d'invention musicale. Vous n'avez pas idée de la facilité que j'éprouve depuis quelque temps à composer. Certes, chez moi, ça n'a jamais été un travail, mais aujourd'hui l'inspiration est plus active que jamais, plus spontanée, plus entière qu'à vingt ans. Jugez-en : outre le Concerto de violoncelle de Servais, j'ai composé trois Concertos (?) de violon ; huit morceaux caractéristiques pour violon avec accompagnement de piano ; plus, différents morceaux pour chant, pour flûte, ces derniers destinés à mon fils Max, qui en joue pas mal, et qui est ici en ce moment, en attendant qu'il se rende, soit dans l'intérieur de l'Algérie, soit au Sénégal. Tous ces travaux terminés, je me replongerai jusqu'au cou dans mon opéra (1), dont j'ai déjà refondu, changé et perfectionné les deux premiers actes, qui avaient des trous et des lacunes. » Puis plus loin il ajoute : « Ce qu'il y a de plus extraordinaire dans tout cela, c'est que je n'ai pas éprouvé la moindre fatigue, que toutes les inspirations me sont venues naturellement, simplement, sans effort. A quoi attribuer cela ?... Je ne sais, mais je pense que le climat, la nature grandiose, la vue de la mer, l'air des montagnes, le soleil, la vie qu'il nous donne, la béatitude que la contemplation de toutes ces merveilles donne à l'âme en sont la cause. »

Dans une autre lettre, il parle encore de sa santé. « Sauf les jambes qui flageolent, dit-il, elle est assez satisfaisante, mais *le premier étage, le grenier, les combles* surtout sont excellents ! Pour le reste, je suis de loin le mouvement européen, politique et musical, installé à ma fenêtre pour tout observer, comme le bon Dieu de la chanson de *Béranger*. »

Plus tard, il engage une de ses bonnes amies d'Anvers à venir s'installer à Mustapha-Supérieur. « Ici, dit-il, j'ai retrouvé la vie,

---

(1) Nous regrettons de n'avoir pu nous procurer la partition de cet opéra, qui, d'après une lettre que m'adressait de Mustapha-Supérieur, le 21 octobre 1881, M** Landowska, " était entièrement terminé et même orchestré en partie." Il eût été intéressant de juger le grand musicien dans un genre tout nouveau pour lui, et vers lequel (il me l'a dit souvent) il se sentait vivement attiré. Nous savons que Vieuxtemps en a fait entendre des fragments à Paris, dans son hôtel de la rue Chaptal, avec le *Krauss* et le baryton *Agnesi* comme interprètes.

l'intelligence, la vivacité de la pensée, et si je pouvais vous revoir, mon déclin serait un paradis ! C'est ma seule chance de vous revoir encore ici-bas, car mes essais de rapatriement ont été si désastreux pour moi, que je n'ai plus la moindre envie de les renouveler. Une première fois, *paralysie* qui m'a brisé net ; une seconde fois, *fluxion de poitrine* qui a failli m'emporter ; qu'aurais-je à attendre une troisième fois ? *Mon enterrement ?* En tout cas, j'ai déjà écrit ma *marche funèbre,* elle existe ! »

Il n'est pas indifférent de connaître l'opinion du roi du violon sur deux violonistes-femmes qui se sont un moment disputé le sceptre de la virtuosité, et dont l'une, Mme *Norman-Néruda,* continue à étendre sa réputation dans les deux mondes.

« Votre jugement sur Mlle *Tayau* est très correct et parfaitement juste, écrit-il au 6 décembre 1880. A sa sortie du Conservatoire de Paris, elle est venue me demander des conseils que je ne lui ai pas marchandés. Comme vous le dites, elle joue beaucoup ma musique. Moi, je lui trouve encore quelquefois un peu trop de *masculin* dans le jeu ; elle ne me reste pas assez femme, comme Mme *Norman-Néruda,* par exemple, qui est pour moi l'idéal de la violoniste. Jamais je n'ai entendu jouer du violon avec autant d'âme, de passion et de pureté. Elle est en même temps classique, poétique, et possède toutes les qualités du grand artiste. Vous regrettez que le son ne soit pas plus grand ? mais elle ne serait plus *elle* alors, elle ne serait plus le *violon-femme* par excellence. »

Puis enfin, repris par l'idée de sa fin prochaine, il s'écrie plus loin : « Excusez encore une fois un sauvage caduc, grincheux, de mauvaise humeur, mais qui vous aime toujours de toute son âme et qui emportera cet amour jusqu'au tombeau. Il ne durera plus bien longtemps, car la vraie vieillesse a sonné pour lui. Il a ses 61 ans révolus, c'est le commencement de la fin ! »

Malgré les idées noires qui hantaient parfois son esprit, Vieuxtemps continuait cependant à puiser ses plus douces jouissances dans sa chère musique. C'est ainsi que l'absence momentanée de son ami Van der Heyden n'avait en rien arrêté le mouvement musical à Mustapha-Supérieur. « Si vous croyez que les concerts à la station sanitaire ont cessé parce que des artistes tels que votre excellent père nous ont quittés, écrivait Mme Landowska à Mlle Van der Heyden, vous vous trompez. Le programme ci-joint vous prouve le contraire, en démontrant une fois de plus qu'*on fait des verges pour se fouetter*, et que votre père s'est formé un rival dangereux dans la personne de notre gros Paul, aux leçons duquel j'assiste ; mais il n'en a pas pris beaucoup, car il a eu mal au doigt et bon papa a été aussi un peu souffrant... Quel dommage que nous n'entendions plus les réminiscences du bon vieux temps avec la paraphrase du Concerto ! Nous étions tellement habitués à voir les deux papas ensemble, qu'il nous manque quelque chose depuis que l'un d'eux est absent. C'est égal, le Concerto de violoncelle nous fait défaut ; nous voudrions réentendre le son magistral, la belle diction et l'exécution brillante de votre cher père qui avait su si bien s'identifier dans la pensée du compositeur, et nous nous rappellerons souvent avec plaisir les belles séances de l'hiver. *Schembré* et *Conqui* travaillent assidûment et viennent tous les dimanches prendre quelques conseils. »

On le voit, la musique ne chômait pas chez Vieuxtemps, et il semble qu'elle fut l'élément indispensable à sa nature poétique, la nourriture de son esprit insatiable de jouissances artistiques.

Il le déclare lui-même dans une lettre adressée à l'amie d'Anvers, et datée du 9 avril 1881, c'est-à-dire moins de deux mois avant sa mort :

« Nous allons vivre pendant une dizaine de jours dans un brouhaha terrible, dit-il. Pensez donc ce que va être le concert de deux cents savants réunis ici, élaborant des projets, les discutant, les attaquant, les disloquant (1) ? Heureusement que la musique sera là pour amener un peu d'harmonie dans leurs idées, les calmer et finir par

---

(1) Il s'agit du *Congrès scientifique* qui se tint en 1881 à Alger.

les faire s'entendre. D'avance, je frémis d'une part, et donne la palme de l'autre à l'art, qui toute ma vie a été *mon rêve, ma foi, ma religion !* A propos, j'aurai peut-être à vous annoncer dans ma prochaine lettre la vente de mon *Guarnerius.* Je suis en pourparlers sérieux à ce sujet. Cela coûtera cher à l'acheteur, Mais il en aura pour son argent, car ce violon est une perle unique, dont malheureusement je ne puis plus me servir. Néanmoins, m'en séparer me coûtera bien des larmes, et j'en ai déjà le cœur gros rien que d'y penser. Mais, quand je le regarde, je pleure de ne plus pouvoir l'interroger, l'animer, le faire parler ! »

En effet, son ami Van der Heyden avait été chargé de négocier l'affaire avec le *duc de Camposelice,* qui était ravi de l'acquérir au prix de 17,000 francs, somme fixée par Vieuxtemps. Mais au moment de se dessaisir de son violon bien-aimé, le grand maître fut pris de remords, et, espérant en dégoûter l'amateur, il s'écria : « Si l'on met 17,000 francs, on peut bien en mettre 20,000. » Le duc, mis au courant de la situation, répondit par un chèque de 20,000 francs adressé à Van der Heyden, par l'intermédiaire de la maison Rotschild.

Croyant avoir vaincu toute résistance, l'ami s'en vint trouver Vieuxtemps de grand matin, et lui mit le chèque sous les yeux. Vous peindre le désespoir de Vieuxtemps n'est pas possible, me dit Van der Heyden. Il pleurait et ne pouvait se faire à l'idée de se séparer de son Guarnerius. Il demanda vingt-quatre heures pour réfléchir, mais ne voulut pas garder le chèque. « Emporte, emporte cet argent, disait le pauvre désolé ; je ne veux pas le voir ! »

Madame Landowska et son mari, craignant que ce grand chagrin n'amenât une rechute de la terrible maladie de leur bien-aimé père, prièrent leur ami de ne plus lui en reparler. Le duc de Camposelice fit de nouvelles instances auprès du négociateur pour qu'il offrit davantage encore, mais celui-ci déclara qu'il était inutile d'insister ; il avait acquis la conviction que Vieuxtemps ne se séparerait à aucun prix de son instrument.

Le duc devint cependant plus tard l'heureux acquéreur du fameux Guarnerius, mais seulement après la mort du maître et de sa fille, Mme Landowska.

.   .   .   .

Depuis quelque temps, il était visible pour tous que la santé de Vieuxtemps déclinait.   Le mal progressait et commençait à imprimer les affres de la mort sur la face blémie du patient.   Une photographie qui m'a été offerte par sa fille le représente quinze jours avant le terrible événement qui enleva cette grande intelligence au monde artiste; elle est navrante à contempler.   Son beau front de penseur est déprimé, son œil éteint, tout enfin dans la physionomie révèle la souffrance, l'angoisse!

Bien que prévue, la mort du maître vint pourtant surprendre cruellement sa famille et ses amis.

« En trois jours, écrit sa fille à M. Van der Heyden, tout a été fini: c'était un vendredi, il s'était levé mieux disposé que de coutume, avait déjeuné de bon appétit et plaisanté avec les enfants; à 3 ½ heures j'ai été forcée de sortir pour assister à l'enterrement du pauvre M. Jourdan père, qui venait de mourir, et, en l'embrassant avant de partir, j'étais loin de prévoir qu'il serait déjà frappé à mon retour. Il était en train d'écrire une page de musique; après, il est allé au jardin chercher Henry et Paul pour faire étudier ce dernier; la leçon, qui n'a duré que dix minutes, s'est passée dans le plus grand calme, comme les enfants et la bonne, à qui j'avais bien recommandé de ne pas s'éloigner, me l'ont assuré.   Se plaignant un peu du manque d'air, il veut aller au jardin pour respirer, mais en se levant de son fauteuil il tombe frappé d'une nouvelle attaque de paralysie, la quatrième!   Croyant à une chute comme il en faisait quelquefois, les enfants se précipitent pour le relever, mais en vain; ils appellent alors, et la bonne, avec l'aide du domestique, parviennent à grand' peine à le mettre au lit.   C'est à ce moment que moi-même je revenais après avoir rendu les derniers devoirs à un de nos bons amis et voisin!   Vous dire mon saisissement à la vue de tant de misère

PORTRAIT DE VIEUXTEMPS, 15 JOURS AVANT SA MORT

Fait à Mustapha-Supérieur (Alger), Mai 1881.

est impossible; le côté droit, le bon, venait d'être attaqué, la parole devenait de plus en plus difficile et bientôt on ne le comprenait plus que par intuition. Je veux vous épargner la narration de ces moments lamentables, où chaque minute emporte une espérance, une illusion, où l'on se sent absolument impuissant devant l'arrêt irrévocable et où l'on sait d'avance que tous les moyens employés restent sans effet.   Tout ce qui était humainement possible a été fait, mais, malgré tous nos efforts, il rendait le dernier soupir le lundi 6 juin 1881, à 4 heures du matin, et, je crois, sans ressentir un surcroît de souffrances. Pardonnez-moi, mon cher M. Van der Heyden, de vous parler si longuement de notre chagrin, mais j'éprouve un réel soulagement de causer avec vous de notre *bien-aimé papa*, qui a toujours été le meilleur et le plus affectueux des pères, en même temps *qu'une des plus grandes gloires artistiques de son époque, et qui a pu regarder avec orgueil le chemin parcouru !* » (1)

Cette phrase, bien qu'émanant de la fille de Vieuxtemps, n'en était pas moins l'expression universelle de l'admiration qu'avait su inspirer ce grand mort, ce glorieux enfant de la Belgique.

Tout ce qu'Alger contenait d'amis de Vieuxtemps, de fonctionnaires et d'étrangers avait tenu à honneur de lui rendre un dernier hommage en le conduisant au champ de repos.

L'inhumation à Alger fut provisoire, la municipalité de Verviers ayant réclamé immédiatement la dépouille mortelle de l'enfant illustre dont elle s'enorgueillissait à juste titre, pour lui faire des funérailles dignes de lui.

.   .   .   .

---

(1) « Trois jours après la nouvelle de la mort de Louis Jourdan, dit un journal que j'ai sous les yeux, nous recevions celle de la fin prématurée de Vieuxtemps. C'étaient deux grands intimes, et fatigués, souffrant tous les deux, ils avaient été demander le repos au même climat. Ils se voyaient tous les jours et, dans les avenues bordées de cactus et de figuiers de Barbarie de Mustapha, c'est ensemble qu'ils prenaient le « bain de soleil » qui leur était indispensable. Avec la susceptibilité et l'impressionnabilité nerveuse que la maladie avait laissée à Vieuxtemps, il serait possible que la mort de son vieil ami eût provoqué chez lui l'attaque à laquelle il a succombé. »

Ainsi s'éteignit sur la terre étrangère cette belle et noble figure d'artiste, cette existence de labeur dont l'aurore avait été un sourire, et le déclin une larme ! Mais Vieuxtemps appartient désormais à l'histoire, et son nom brillera longtemps encore au firmament de l'art.

ENCRIER DE HENRY VIEUXTEMPS
Souvenir donné par la famille à J.-Th. Radoux,
Directeur du Conservatoire Royal de musique, de Liège.

MÉDAILLON
FIGURANT SUR LE TOMBEAU DE HENRY VIEUXTEMPS
A VERVIERS.

APPENDICE.

La translation des cendres de Vieuxtemps à Verviers, sa ville natale. —
Discours. — Note sur ses enfants, sur ses frères Lucien et Ernest.

A cérémonie de la translation des cendres de Vieuxtemps dans sa ville natale eut lieu le 28 août 1881, et je crois devoir donner ici la relation complète qu'en ont faite les journaux de l'époque :

« La manifestation funèbre organisée par l'agglomération verviétoise à l'occasion de la translation des cendres de Henry Vieuxtemps a été imposante et digne, en quelque sorte, du grand virtuose qui sut jeter sur sa ville natale un éclat que les siècles ne terniront pas.

» On se sentait en présence d'un de ces deuils universels qui frappent en dehors des limites de la patrie du défunt.

» Partout, et particulièrement dans les rues que doit traverser le funèbre cortège, on voit aux fenêtres les couleurs nationales et franchimontoises.

» Les édifices publics, les établissements communaux sont pavoisés. Dans la rue de la Station, de la Tranchée, du Brou, Saint-Laurent, rue du Collège et place des Récollets principalement, on remarque une quantité de drapeaux en berne ou recouverts de crêpe.

» La ville avait une singulière physionomie le matin ; à chaque train débarquaient de véritables colonnes de visiteurs qui donnaient aux rues une animation extraordinaire, contrastant avec l'aspect funèbre des maisons.   A chaque instant arrivaient des sociétés, bannières en tête, attendant l'heure de la cérémonie.   La société royale l'*Émulation*, le Cercle catholique, le Cabinet littéraire et toutes les autres sociétés ont pavoisé leurs façades.   Une tenture noire frangée de blanc et rehaussée d'une lyre de même couleur, entourée du chiffre de Henry Vieuxtemps, orne le balcon de la *Société royale de Chant*.   La façade principale de la *Société d'Harmonie* se distingue entre toutes par sa décoration sévère et de bon goût : tout le long du péristyle serpentent d'immenses tentures noires retombant en larges festons retenus par des cordes d'or.   Des portières de même étoffe, garnies de cordelières à glands d'or, ornent les deux entrées principales.   Partout sur le parcours du cortège les réverbères sont voilés de crêpe.

» A partir de 11 heures, les trains du côté de l'Allemagne et de la ligne de Liège déversent en notre ville des milliers d'étrangers.

» A deux heures, le cortège commençait à se former à la gare, les sociétés se massaient, sous la direction des maîtres de cérémonie, le long de la rampe d'accès et rue de la Station, tandis que les autorités musicales et les invités se réunissaient près l'entrée de la gare aux marchandises, autour du wagon contenant le cercueil.   C'est là qu'eurent lieu les présentations.

» A trois heures le cortège se mettait en marche.   En tête s'avançaient douze gendarmes à cheval, suivis d'un détachement de gardes civiques portant le drapeau du *Clairon*.   Commençait ensuite le long défilé, bannières crêpées en tête, des sociétés de musique qui avaient envoyé des députations comptant parfois jusqu'à soixante-dix membres.   C'étaient : la *Société royale de Chant*, dont Vieuxtemps était le président d'honneur ; la Société royale l'*Émulation*, la *Société d'Harmonie*, le *Cercle choral Vieuxtemps*, la *Franchimontoise*, la *Société populaire de Gymnastique*, l'*Œuvre des Soirées populaires*, le *Cercle Saint-Joseph*, le *Cercle d'Agrément*, le *Cercle Philharmonique* de Pepinster, la *Société de Chant* de Pepinster, les *Fanfares de Jemeppe*, la *Réunion des chœurs*

TRANSLATION DES CENDRES DE VIEUXTEMPS

d'Ensival, la *Société d'Harmonie* de Heusy, la *Lyre ouvrière* de Hodimont, l'*Écho des Montagnes* de Polleur, la *Fraternelle* de Franchimont-Theux, la *Légia* de Liège, la *Société de Sainte-Cécile* de Baelen, la musique des *Charbonnages de Mariemont et de Bascoup*, la *Fraternelle* de Stembert, l'*Harmonie* de Montzen, les *Fanfares Dolhaintoises*, la *Société des Amateurs* de Huy, la *Germania* de Verviers et la *Philharmonique* de Dolhain. Après un rang de tambours venait l'orchestre de la *Société d'Harmonie* qui exécutait les deux marches funèbres léguées par Vieuxtemps. Ces marches, qui avaient été écrites par l'éminent artiste pour piano et violon, avaient été orchestrées par M. Kefer, directeur de l'école de musique de Verviers. Leur exécution produit sur la foule qui assiste découverte au passage du cortège, un effet saisissant. Le char funèbre suivait, attelé de six chevaux tenus en main et couverts de housses étoilées d'argent ; sur ce char, une seule couronne, celle de la ville de Verviers. Les coins du poêle étaient tenus par MM. *A. Dupont, Radoux, Ortmans* et *J. Tasté*. MM. Radoux et Dupont représentaient les deux Conservatoires royaux de Liège et de Bruxelles, M. Ortmans, la ville de Verviers, et M. Tasté, les Sociétés verviétoises. MM. Ortmans et Tasté alternaient avec les membres du Collège et du Conseil. La famille du défunt suivait immédiatement le char funèbre. Elle était représentée par le fils de Vieuxtemps qui, parti pour Alger à la mort de l'illustre défunt, avait accompagné ses restes mortels depuis Alger jusqu'en notre ville, pour ne s'en séparer, sous le poids d'une indicible émotion, qu'au bord de la tombe. Il avait à ses côtés les trois frères du défunt MM. *Lucien, Jules* et *Ernest Vieuxtemps*, et son beau-frère, M. le docteur *Landowski*, venu également d'Alger pour assister à la cérémonie. Arrivaient ensuite le Conseil communal, MM. *Léon d'Andrimont* et *Peltzer*, représentants de l'arrondissement, ainsi que plusieurs membres des Conseils provincial et communal de Liège.

Parmi les personnes étrangères venues pour assister à la cérémonie, nous avons remarqué MM. *Joseph Servais*, violoncelliste ;

Colyns, violoniste ; *Joseph Dupont*, chef d'orchestre ; *A. Cornélis,*
Jehin, Poncelet, Steveniers, Firket et *Wauters*, du Conservatoire
de Bruxelles ; MM. *Henrotay, Verken, Carman, R. Massart* et
Hutoy, du Conservatoire de Liège ; MM. *Stennebruggen*, professeur
au Conservatoire de Strasbourg ; *Van der Heyden, Th. Nauss,*
membre du Comité des festivals du Bas-Rhin, délégué de la ville
d'Aix-la-Chapelle ; *Joseph Wieniawski*, pianiste ; *Fr. Riga*, compositeur ; *Alcan* ; les sculpteurs *Mignon, de Tombay* et *Van de*
Kerchove-Nelson, le président de la société *Momus*, de Maestricht,
dont Vieuxtemps avait la présidence d'honneur ; les hommes de
lettres *G. Frédérix, Dommartin, L. Solvay*, etc., etc. *E. Ysaye* et
Vonken, qui avaient eu l'honneur de recevoir les conseils du maître,
portaient sur des coussins noirs frangés d'argent, le premier le
violon de l'illustre défunt, et l'autre ses nombreuses décorations.
A leur côté, un ouvrier de Gérard-Champs, M. Boland, portait
une modeste couronne aux feuilles fripées, aux fleurs ternies. Elle
avait été donnée au *maëstro* en 1872, par les ouvriers de Verviers,
lors d'une soirée musicale, et Vieuxtemps l'avait religieusement
conservée comme un des plus beaux souvenirs de ses triomphes
artistiques. Cette couronne se trouvait à Alger dans la chambre
où le grand artiste a rendu le dernier soupir, et portait cette simple
inscription en wallon :

LES OVRIS D'VERVI

A HENRY VIEUXTEMPS (1)

» Enfin, un peloton de gendarmes à pied fermait le cortège. Un
kiosque destiné aux autorités et aux invités avait été dressé à
l'extrémité ouest de la place des Récollets. En face se trouvait
une immense estrade pour les exécutants de la cantate composée
pour la circonstance par M. *Kefer* ; cette œuvre, écrite en quelques

_____

(1) Les ouvriers de Verviers à Henry Vieuxtemps.

jours, ne manquait pas d'un certain sentiment de grandeur, et a produit sur les assistants un excellent effet. Elle avait été inspirée par les vers suivants, de M. *K. Grün* :

> Dans le ciel pur de l'harmonie,
> Toujours épris de l'idéal,
> Vieuxtemps travailleur de génie,
> Brilla d'un éclat sans égal.
>
> Il s'eleva l'âme éblouie,
> Aux fiers sommets où la beauté
> Verse la lumière infinie
> Sur notre frêle humanité.
>
> Ceint d'une auréole de gloire
> Et tout chargé de verts lauriers,
> Pénètre au temple de mémoire,
> Enfant illustre de Verviers !

Vers 4 heures, les autorités et les invités montaient à la tribune qui leur était réservée place du Martyr, tandis que les chanteurs se massaient en face sur l'estrade. En ce moment, la place du Martyr était splendide à voir. On peut évaluer à dix mille au moins le nombre des spectateurs, sans compter tous ceux qui garnissaient les fenêtres, les toits des maisons et jusqu'aux hauteurs des Mezelles, noires de monde. Grâce à un service d'ordre parfaitement organisé, un silence relatif régnait parmi cette foule énorme lorsque M. Ortmans prit la parole en ces termes :

« Messieurs,

» La mort de Henry Vieuxtemps est un deuil public pour la ville de Verviers.

» A peine ce fatal événement fut-il connu, que ses amis, ses concitoyens, réclamèrent les cendres du grand musicien qui a illustré Verviers et dont la glorieuse existence venait de s'éteindre loin de sa patrie.

» M. *Ponty* traduisit au Conseil communal les vœux de la population tout entière, en proposant d'élever une statue à l'éminent compositeur, au virtuose incomparable, et de réclamer sa dépouille mortelle pour lui rendre les honneurs dus à son génie.

» Le Conseil communal accueillit avec un empressement unanime cette proposition qui donnait une légitime satisfaction aux vœux de tous les Verviétois.

» Henry Vieuxtemps va reposer désormais dans sa ville natale, qu'il a tant aimée, qu'il a illustrée à travers les deux mondes. Il va reposer à côté d'un autre grand citoyen verviétois, le célèbre botaniste, le savant docteur Lejeune.

» Verviers, par ma voix, remercie les enfants de notre regretté concitoyen. Avec un empressement dont nous leur serons toujours reconnaissants, ils consentirent, malgré la douleur que leur cause une cruelle séparation, à rendre à Verviers les restes vénérés de leur illustre père.

» Aujourd'hui, Messieurs, nous les recevons au milieu de vous tous, ses amis, ses confrères, ses élèves favoris ; nous les recevons en face de l'élite de nos artistes, de nos concitoyens, qui ont voulu rendre un suprême hommage à la mémoire de Vieuxtemps, glorifier ses talents et ses mérites.

» Une voix plus compétente que la mienne vous dira la valeur de ce musicien, de ce virtuose si sincèrement épris de son art, de ce maître qui a légué à ses élèves des trésors inappréciables, de ce compositeur qui a laissé à la postérité des chefs-d'œuvre merveilleux.

„ Je me bornerai à retracer brièvement une partie de sa vie, telle qu'il l'a écrite lui-même, et que j'extrais du *Guide Musical.* »

Nous croyons pouvoir supprimer cette partie du discours de l'honorable bourgmestre, pour rapporter seulement la péroraison, qui rend un juste hommage au génie du maître et aux excellentes qualités de l'homme de cœur :

« Vieuxtemps ne fut pas seulement un virtuose du plus grand mérite, un musicien incomparable, il fut encore un patriote dévoué à son pays, à sa ville natale, surtout un bienfaiteur des malheureux dont il soulagea souvent les misères et les infortunes.

„ Les établissements de bienfaisance de notre ville se rappellent ses bienfaits : jamais ils ne firent en vain appel à son dévouement, toujours il y répondit d'une manière digne et généreuse. Et ce ne fut pas sans une profonde émotion que Verviers vit, en janvier 1877, Vieuxtemps, dont la paralysie avait brisé l'archet merveilleux, reprendre le bâton de chef d'orchestre pour diriger avec une maëstria inspirée l'exécution de ses œuvres, dans le grand concert donné au profit des Fourneaux économiques.

» Ce furent là ses adieux à sa chère ville de Verviers.

» Nous ne devions plus, hélas ! le revoir. Vieuxtemps, Messieurs, joignait aux qualités éminentes qui lui valurent le titre glorieux de roi des violonistes des qualités non moins rares du cœur. Son´ âme d'artiste avait un amour passionné pour sa ville natale, des tendresses infinies pour sa famille, des trésors de dévouement pour ses amis, pour ses élèves, une bienfaisance inépuisable pour les malheureux.

» Aussi la ville de Verviers, en glorifiant la mémoire de Henry Vieuxtemps, ne rend pas seulement hommage à ses talents incomparables, à son génie musical qui ont charmé les deux mondes, illustré sa patrie, mais encore à l'homme de cœur qui a répandu à pleines mains ses bienfaits sur les malheureux. »

Après M. Ortmans, ce fut l'auteur de cette biographie qui prononça le discours suivant :

« Messieurs,

„ Ce n'est pas sans une profonde émotion qu'en ma qualité de directeur du Conservatoire royal de Liège je viens à mon tour rendre hommage à l'artiste illustre, au compositeur éminent dont l'Europe conservera le nom.

» C'est sciemment, Messieurs, que je dis l'Europe et non la Belgique, car Vieuxtemps appartient au monde entier, qui a applaudi le grand virtuose, l'homme qu'on a appelé l'empereur des violonistes, le Paganini belge !

» Mais ce qui a surtout placé notre concitoyen au premier rang des artistes dont l'histoire recueille le nom avec respect, ce qui l'a rendu supérieur à Paganini lui-même, c'est cette corde du génie qui a vibré si éloquemment dans ses vastes conceptions musicales, car Vieuxtemps n'était pas seulement un grand virtuose, il fut aussi un grand compositeur, un véritable créateur.

» A l'âge où l'artiste bégaie timidement des essais informes, Vieuxtemps écrivait des œuvres qui, par leur valeur technique, par l'élévation des idées exprimées, sont destinées à traverser les siècles.

» L'esprit humain reste confondu en présence d'une précocité aussi étonnante, et l'on se demande si le premier concerto en *mi* est bien l'œuvre d'un jeune homme ayant à peine atteint l'âge de 20 ans !... Dans cette œuvre géniale, Vieuxtemps donnait déjà la preuve d'un talent arrivé à toute sa maturité.

» C'est en Allemagne, je pense, que notre grand artiste exécuta pour la première fois ce concerto (1), et nous puisons dans nos souvenirs de jeunesse cette particularité que le virtuose dut attendre un certain temps avant de commencer le solo qui suit le premier *tutti*, tant retentirent les applaudissements du public enthousiaste, après l'audition de cette page d'un grandiose inconnu alors dans les œuvres du genre.

» Cette œuvre fut suivie de près par cette merveille de grâce et de tendresse qu'on nomme la *Fantaisie-Caprice*.

» Ici Vieuxtemps crée tout, la forme et le fond, et l'on peut dire qu'aujourd'hui encore (il y a quarante et un ans qu'elle a vu le jour) elle est restée un chef-d'œuvre, un modèle.

» Je ne puis, Messieurs, dans cette courte allocution, faire une étude complète et approfondie de l'œuvre de notre grand artiste. Un volume suffirait à peine à remplir cette tâche, et nous espérons qu'un jour il sera écrit.

---

(1) Des renseignements ultérieurs m'ont appris que c'était en Russie.

» Ce que nous voulons aujourd'hui, c'est marquer à grands traits les principales étapes de sa carrière glorieuse et si bien remplie, et cueillir de ci, de là, dans l'écrin si riche qu'il lègue à la postérité, les perles les plus précieuses.

» Au premier rang de celles-ci doit figurer l'*adagio religioso* du *Concerto en la majeur*, un vrai chef-d'œuvre par la pensée, d'une facture large et personnelle, d'un coloris si pur qu'*Auber* en l'entendant s'écria : *C'est une fresque de cathédrale !*

» C'est vers 1851 qu'apparut le *quatrième concerto en ré mineur* (1).

» Le génie mélodique de l'auteur ne brille peut-être pas ici au même degré que dans ses premières œuvres, mais la science du symphoniste y est poussée si loin, qu'on se prend à penser au maître des maîtres dans le genre, à Beethoven.

» Vieuxtemps doit avoir évoqué l'ombre du grand homme en composant cette œuvre.

» En effet, dans la première partie règne un sentiment mystique qui rappelle dans ses effluves poétiques le célèbre concerto de violon du symphoniste allemand.

» Dans la deuxième, notre artiste, retrouvant sa note personnelle, chante une de ces prières graves et imposantes dont il a le secret.

» Le *scherzo* nous le montre pétillant de verve, de caprice et d'esprit ; le finale est une page d'exquise saveur symphonique.

» Jamais notre grand artiste n'a atteint plus haut à la perfection de la forme que dans cette œuvre, qui justifie le parallèle que je viens d'établir entre elle et le concerto de violon de l'immortel auteur de la neuvième symphonie.

» C'est en 1859 (2) que Vieuxtemps écrivit, à la demande de *Fétis*, une œuvre destinée aux concours du Conservatoire royal de musique de Bruxelles.

---

(1) Nous avons dit qu'il fut terminé en 1850.
(2) Nous avons aujourd'hui des raisons de croire que c'était en 1860.

„ Déjà à cette époque, vous le savez, Messieurs, notre illustre concitoyen avait beaucoup voyagé.

„ Il avait visité deux fois l'Amérique, son nom était devenu universel ; mais cette existence fébrile de l'artiste avait énervé sa robuste constitution, et son regard se reportait souvent vers la patrie absente.

„ Pour ceux qui ont eu le bonheur de connaître Vieuxtemps, pour ceux qui ont pu apprécier sa nature simple et bonne, l'idée d'écrire une œuvre spécialement destinée à son pays avait dû, dans les dispositions d'esprit où il se trouvait, faire vibrer en lui la fibre patriotique ; une aspiration vers la patrie avait dû prendre naissance dans son cœur, car, empruntant une pensée musicale à jamais célèbre au plus célèbre de nos compositeurs dramatiques, à Grétry, Vieuxtemps, dans l'*adagio* de son œuvre, disait à ses concitoyens, dans cette langue des sons qu'il maniait avec tant d'autorité et de talent : *Où peut-on être mieux qu'au sein de sa famille !*

„ Vous vous rappelez tous, Messieurs, l'accent ému que son archet magique savait donner à cette phrase....

„ Qui de vous n'a saisi le sens qu'il y attachait ?... qui de vous n'a compris qu'il traduisait ainsi sa volonté de reposer un jour au milieu de vous, dans sa chère patrie qu'il adorait, dans sa ville natale, le berceau de sa jeunesse, le témoin de ses premiers pas dans la carrière ?..

„ Oui, Messieurs, telle a été sa pensée en chantant avec toute son âme : *Où peut-on être mieux qu'au sein de sa famille !*

„ Ce vœu de son cœur, Messieurs, vous l'avez accompli. Honneur à vous !

„ Honneur à vous, qui, en décrétant l'érection d'une statue à Vieuxtemps sur l'une des places de la ville de Verviers, avez répondu aux aspirations de tous ; car, en glorifiant sa mémoire, vous honorez le pays tout entier ! (1) „

---

(1) Dix années se sont écoulées depuis que le Conseil communal de Verviers a décrété cette statue au grand homme, et le pays attend toujours qu'on lui rende ce juste hommage!.... ah ! les morts vont vite!!!

C'est dans le plus profond silence, ajoute le journal, que les auditeurs écoutent ce discours, dont la péroraison soulève quelques applaudissements rapidement étouffés.

Immédiatement après a lieu l'exécution de la cantate, puis le cortège se reforme dans le même ordre qu'à l'arrivée pour se rendre au champ de repos. Là, les commissaires chargés de l'organisation de la cérémonie ont très heureusement groupé la foule autour du caveau. Le centre ayant été réservé aux autorités, les bannières furent placées en face, les sociétés et la garde civique à droite, tandis que les porteurs de couronnes entouraient la fosse où, après de longs et pénibles efforts, vingt hommes parvinrent enfin à descendre le cercueil dans le caveau. Lorsque le silence fut rétabli, M. *Ed. Van den Boorn*, de Liège, donna lecture d'un long poème écrit par lui pour la circonstance, et dont la fin, qui a trait aux dernières et si cruelles années durant lesquelles l'archet du grand virtuose fut condamné au silence, produisit sur la foule une cruelle émotion :

. . . .
Mais tu ne fus pas seul à subir ces tortures,
Plus d'un illustre artiste a partagé ton sort;
Ils eurent à souffrir des peines non moins dures,
Et furent, eux aussi, martyrs avant leur mort.
Hændel devint aveugle et dicta sa musique,
Schumann, esprit étrange, eut le cerveau troublé;
Et le grand Beethoven, ce géant symphonique,
Fut d'une surdité de vingt ans accablé!
Les foyers lumineux de toutes ces pensées
Seraient-ils par la mort éteints à tout jamais?
Ces lyres pour toujours seraient-elles brisées,
D'où sortirent jadis de si puissants effets?
Non! j'aime mieux de croire à quelqu'autre existence
Vers laquelle la mort nous ouvre le chemin,
Et dont ton art, Vieuxtemps, d'une idéale essence,
Semble nous dévoiler quelque reflet divin!

Après la lecture de cette pièce de vers, M. Ortmans a de nouveau prononcé ces quelques paroles :

« La ville de Verviers, a-t-il dit, est fière de posséder les cendres de Henry Vieuxtemps ; ce caveau, sur lequel s'élèvera plus tard un monument digne de l'illustre virtuose, sera un but de pèlerinage pour la population verviétoise, qui ne cessera de le considérer comme une de ses gloires les plus pures. »

Puis, ce dernier hommage rendu au grand artiste, la foule est sortie lentement et silencieusement du champ des morts !...

Ces hommages rendus à l'illustre défunt firent naître dans le cœur de la fille de Vieuxtemps des sentiments de reconnaissance, qui s'exprimèrent douloureusement dans deux lettres adressées aux bonnes amies, Mmes Prosper Grandjean et Van der Heyden :

« J'ai été profondément touchée et émue, disait la noble fille à Mme Grandjean, des honneurs qui ont été rendus à mon pauvre père par ses concitoyens. Vous ne sauriez croire quelle immense consolation on trouve dans ce deuil de tout un peuple s'associant au vôtre, et quel adoucissement à notre douleur de voir celui qu'on chérissait tant si unanimement apprécié et regretté. Aussi jamais, jamais je n'oublierai les derniers hommages rendus à la mémoire de notre cher défunt, avec tant d'amour et de recueillement, par ses compatriotes, et j'en suis profondément reconnaissante aux Verviétois. »

« Quels regrets pour moi de n'avoir pu venir en Belgique et assister avec les miens aux magnifiques obsèques qu'on a faites à mon pauvre père ! disait-elle quelques jours plus tard, à Mme Van der Heyden. Vraiment, pour un souverain on n'aurait pu mieux faire, et, dans ce témoignage unanime de regrets, on éprouve un réel sentiment de consolation. Pauvre père, s'il avait pu *voir par lui-même* combien il était aimé et apprécié ! »

.   .   .   .

Les journaux de tous les pays, est-il besoin de le dire, consacrèrent des articles biographiques à l'artiste dont le nom avait retenti si glorieusement pendant un demi-siècle dans les deux mondes. Les poètes pleurèrent en des stances dithyrambiques la mort de ce favori d'Apollon.

La cérémonie de la *translation des cendres de Vieuxtemps* dans sa ville natale fit éclore de longs poèmes ; je détache ces quelques vers de l'un d'eux :

> Sur le terrain sacré de la philosophie
> On a beau s'insurger contre ce mot: *Patrie !*
> — C'est le mot qui toujours fera battre les cœurs —
> Vieuxtemps! on t'y ramène; on t'y comble d'honneurs!
> Tu t'es couvert de gloire . . . et cette heure est suprême. . .
> Abaisse tes regards . . . écoute! . . . comme on t'aime!
> Si là-haut ton esprit chez les bons est fêté
> Ici, ton archet passe à l'immortalité !!

Pour compléter ce travail, nous croyons devoir donner quelques renseignements sur les enfants et les frères de l'illustre artiste que la Belgique a perdu.

Vieuxtemps eut quatre enfants, dont deux sont morts en bas âge.

Mme Julie-Henriette Landowska, que nous avons vue si tendrement bonne et affectueuse dans les soins qu'elle a donnés à son cher père pendant les neuf années qu'a duré sa maladie, est née le 14/26 octobre 1846 à Saint-Pétersbourg. Elle est morte d'une pneumonie à Alger, le 30 octobre 1882 (1).

Le frère de Mme Landowska, M. Maximilien Vieuxtemps, ingénieur distingué, professe à Paris, où on le tient en très haute estime.

Il naquit également à Saint-Pétersbourg, le 25 décembre 1847 (6 janvier 1848).

---

(1) Son mari le docteur Landowski, ne put supporter le chagrin que lui causa la perte de sa femme. Huit jours plus tard, il la suivait dans la tombe.

Pour comble de malheur, Jules Vieuxtemps, le plus jeune des frères du grand artiste, pliant sous le poids de la douleur et des inquiétudes causées par cette double catastrophe, fut pris d'une indisposition qui fut jugée sans gravité d'abord; cependant, un mois plus tard, il se disposait à quitter son bureau lorsqu'il succomba subitement par suite de la rupture d'un anévrisme.

M. et Mme Landowski ont laissé cinq enfants, dont deux, on l'a vu, paraissent bien doués pour l'art qui a illustré leur grand-père.

JEAN-JOSEPH-LUCIEN   JULES-JOSEPH-ERNEST

LES FRÈRES VIEUXTEMPS
Dessin de Mlle M. Radoux.

Jean-Joseph-Lucien et Jules-Joseph-Ernest Vieuxtemps, frères du grand violoniste, ont tous deux embrassé la carrière artistique.

Le premier, né à Verviers le 5 juillet 1828, commença ses études musicales dans sa ville natale, puis alla les perfectionner à Paris sous la direction d'Ed. Wolff.

Son talent de pianiste lui valut maints succès flatteurs, et certaines de ses œuvres pour son instrument ont été publiées. Ce sont des caprices, valses, mazurkas, romances, fantaisies, ballades, etc. D'autres, plus importantes, sont restées manuscrites, bien qu'elles aient été exécutées avec succès.

Lucien Vieuxtemps est aujourd'hui encore professeur de piano à Bruxelles.

Le second, Ernest, né à Bruxelles le 18 mars 1832, est un violoncelliste remarquable.

En 1855, Henry, dont les concerts à Londres avaient une vogue extraordinaire, engagea Ernest à venir l'y rejoindre.

Le 5 mars de cette même année, les trois frères Vieuxtemps donnèrent au Théâtre royal de Liège un concert qui eut un grand succès.

Henry y exécuta un *Rondo giocoso* de sa composition ; Ernest, la *Fantaisie sur Lestocq*, de Servais ; Lucien, sa *Fantaisie militaire*, et les trois frères réunis, la *Méditation sur un prélude de Bach*, pour piano, violon et violoncelle, de Charles Gounod.

J'assistais à ce concert, et je me souviens que Lucien et Ernest firent très bonne figure à côté de leur illustre frère. C'est, je crois, le plus bel éloge que je puisse faire de ces deux excellents artistes.

Depuis 1858, Ernest est violoncelle-solo du célèbre orchestre dirigé par sir Charles Hallé, et s'est fixé à Manchester, où son talent est très apprécié.

Alger, Mustapha sup.
30 Déc: 1879,

Mon Cher Radoux,

Notre pays est décidément
voué au violoniste. Il en pousse
comme des champignons. Je suis
heureux de savoir qu'il en est
du calibre de mon 4ème Concerto
qui exige des qualités exceptionnelles.
Mes compliments donc au
jeune Parent que je me réjouis
d'entendre et de connaître.
Qu'il marche surtout sur les
bonnes traces d'Isaÿe, j'ai
reçu dernièrement un mot
très élogieux sur lui du critique

Longtemps de Berlin constatons dans cette capitale de casques pointus le succès complet sur toute la ligne de l'école Belge.

Tant-mieux et tant-tant qu'ils poursuivent.

Merci de ta bonne pensée de m'avoir fait part du succès de ton protégé. Je profite de l'occasion pour te souhaiter une heureuse année, l'accomplissement de tes désirs et tout ce qui peut t'être agréable. Les mêmes vœux pour madame Radoux à laquelle je suis inconnu, mais cela ne fait rien. Mes meilleurs souvenirs à ton frère.

Bien à toi,

Vous avez du souffrir du froid et de goût

et Sôch tandi que ici nous nous prélassions au soleil, J'espère que tu n'en as pas trop souffert et que ces mots te trouveront toujours aussi bien portant et aussi gaillard que par le passé.

Je vais assez bien, excepté les jambes et les yeux.

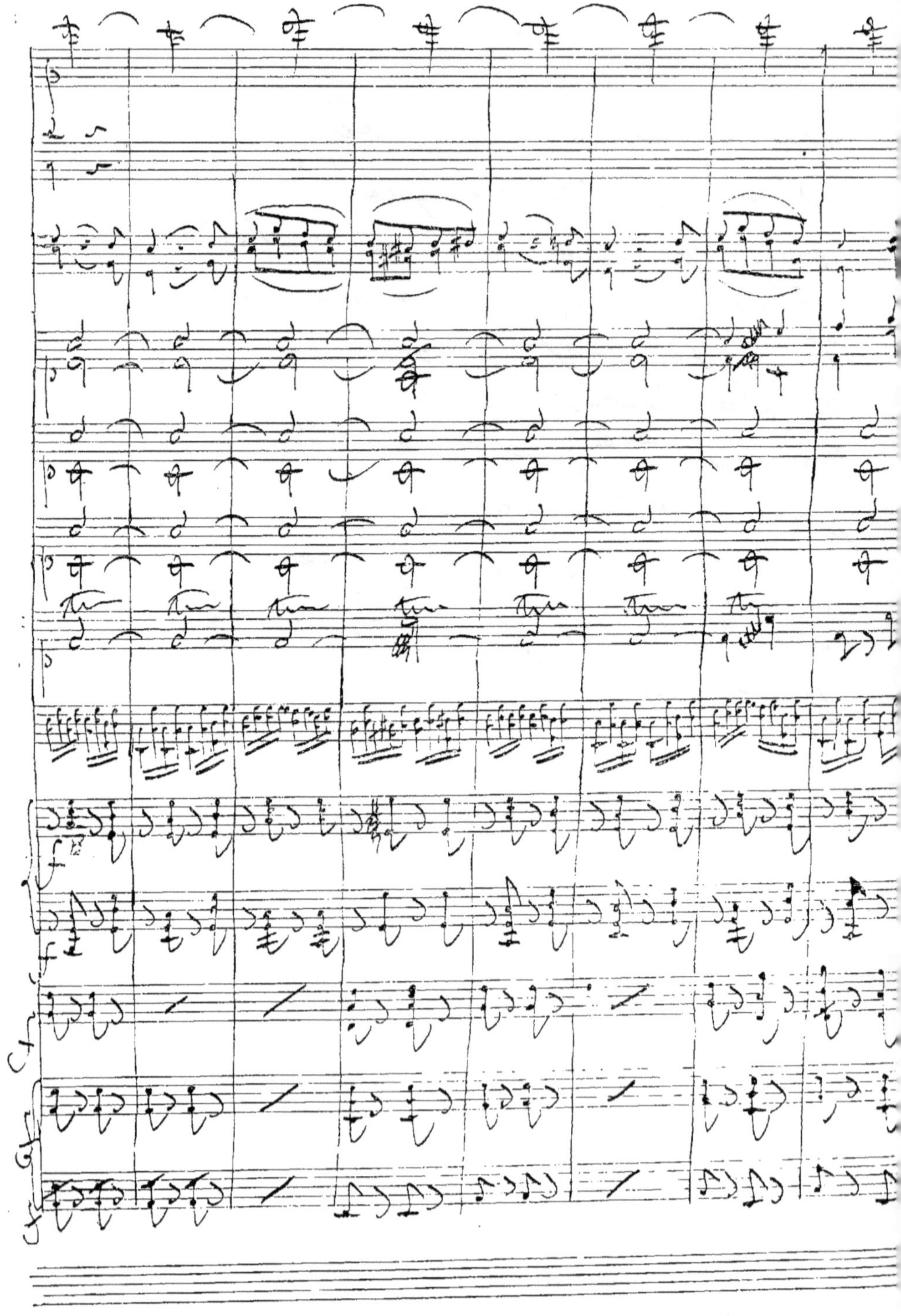

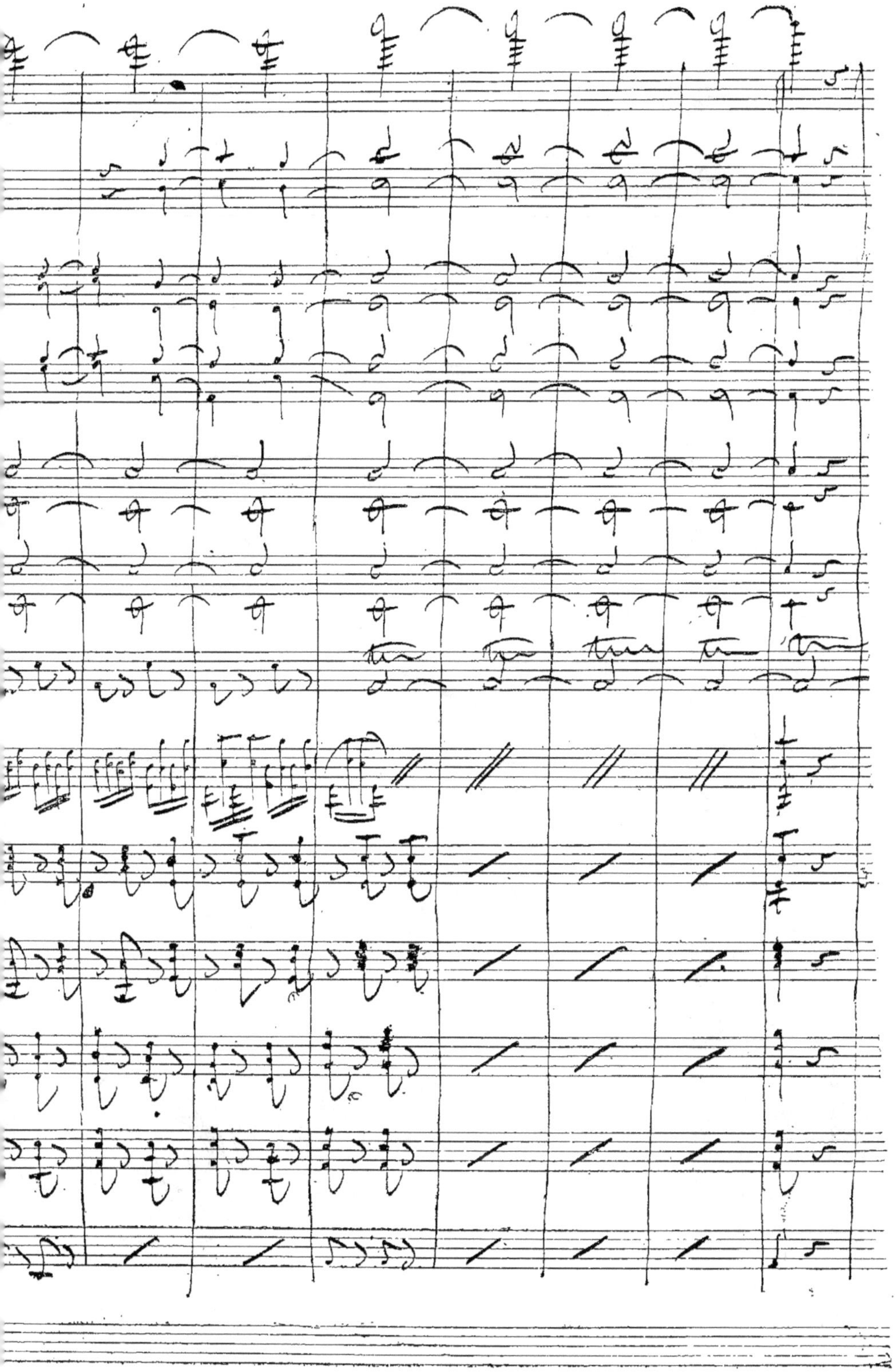

Fine

St. Petersbourg ce 21
fevrier 1840

LISTE

DES ŒUVRES DE HENRY VIEUXTEMPS

——◆—◆◆—◆——

Op. 6. Variations sur un thème du *Pirate*.
  7-8. Sept romances sans paroles.
    9. Hommage à Paganini, caprice.
  10. Grand concerto en *mi* majeur.
  11. Fantaisie caprice.
  12. Sonate pour piano et violon.
  13. Duo concertant, pour piano et violon, sur *le duc d'Olonne*, avec Édouard Wolff.
  14. Duo concertant, pour piano et violon, sur *Obéron*, avec Édouard Wolff.
  15. Les Arpèges, caprice.
  16. Six Études de concert.
  17. Souvenir d'Amérique, sur *Yankee Doodle*.
  18. *Norma*, fantaisie sur la quatrième corde.
  19. Concerto en *fa* dièze mineur.
  20. Duo concertant, pour piano et violon, sur *Don Juan*, avec Édouard Wolff.
  21. Souvenir de Russie, fantaisie.
  22. Six morceaux de salon.
  23. Duo concertant, pour piano et violon, sur *l'Étoile du Nord*, avec Kullak.
  24. Six morceaux sur des thèmes russes, intitulés : Divertissements d'amateurs.
  25. Grand concerto en *la* majeur.
  26. Duo concertant, pour piano et violon, sur le *Prophète* avec Antoine Rubinstein.
  27. Fantaisie slave.
  28. Introduction et Rondo, en *mi* majeur.
  29. Trois fantaisies sur les opéras : *I. Lombardi, Ernani, Luisa Miller*.
  30. Élégie pour alto ou violoncelle, avec piano.
  31. Grand concerto en *ré* mineur.
  32. Trois morceaux de salon.
  33. Bouquet américain (6 morceaux).
  34. Trois Mährchen ou contes.
  35. Fantasia Appassionata.
  36. Sonate pour piano et alto ou violoncelle.
  37. Concerto en *la* mineur.
  38. Ballade et Polonaise.
  39. Duo brillant pour violon et violoncelle avec piano et orchestre.
  40. Feuille d'album (3 numéros).
  41. Ouverture pour orchestre et chœur, avec hymne belge.
  42. Old England, caprice sur des airs anglais du XVIIe siècle.
  43. Suite : Preludio, Minuetto, Aria, Gavotta.
  44. Premier quatuor, en *mi* mineur.
  45. Voix intimes, pensées mélodiques pour violon avec accompagnement de piano (6 numéros)
  46. Concerto pour violoncelle, orchestre ou piano.

ŒUVRES POSTHUMES.

Op. 47. Sixième Concerto pour violon, en *sol* majeur.
48. Trente-six études, dédiées au Conservatoire de Paris.
49. Septième concerto, pour violon.
50. Deuxième concerto pour violoncelle, en *si* mineur.
51. Deuxième quatuor.
52. Troisième quatuor.
53. Voies du cœur (9 numéros).
54. Trois fantaisies brillantes pour le violon.
55. Six morceaux pour violon seul.
56. Greeting to America.
57. Impressions et Reminiscences de Pologne.
58. Ma marche funèbre.
59. Allegro de concert.
60. Allegro et Scherzo pour piano et alto.
61. Divertissement pour violon seul.

DIFFÉRENTS MORCEAUX PUBLIÉS SANS NUMÉROS D'ŒUVRES.

Trois cadences pour le concerto de Beethoven.
Transcription sur Lucie.
Transcription sur Halka, romance de Moniuszko.
Chansons russes.
Duo pour violon et violoncelle sur *les Huguenots*, avec Servais.
Le Trille du Diable, de Tartini, arrangement et accompagnement de piano
Duo pour piano et violon sur *les Huguenots* avec Jos. Grégoire.
Duo pour piano et violon sur des thèmes hongrois, avec Erckel.
Trois duos pour piano et violon, avec Édouard Wolff, sur *Orphée*, de Gluck, *Les Noces*
. *Figaro, Preciosa.*
Transcription pour alto de *la Nuit*, de Félicien David.
Transcription pour alto du quintette de clarinettes, de Mozart.
Trio pour piano, violon et violoncelle sur *l'Africaine*.
Fantaisie sur *Faust*, de Gounod.
Romance : *Souvenir d'amitié.*
Duo sur *Paul et Virginie* de Massé, avec Magnus.

POUR L'ANNUAIRE DE L'ACADÉMIE.

Notice sur Étienne-Joseph Soubre.

Cette liste des œuvres de Henry Vieuxtemps a été dressée par son fils, M. Maximilien Vieuxtemps, ingénieur à Paris.

TABLE DES CHAPITRES

TABLE DES GRAVURES

Imp. Aug. Bénard, Liège.